Bachgendod Isaac

Atgofion Cynnar
DEREC LLWYD MORGAN

Gomer

Cyhoeddwyd yn 2017 gan
Wasg Gomer, Llandysul, Ceredigion SA44 4JL
www.gomer.co.uk

ISBN 978-1-78562-211-3

Cyhoeddir gyda chymorth ariannol
Cyngor Llyfrau Cymru.

Argraffwyd a rhwymwyd yng Nghymru gan
Wasg Gomer, Llandysul, Ceredigion.

Bachgendod
Isaac

I Rhianydd,
y coethaf a'r ffraethaf o wragedd,
ac er cof am Wil,
ei phriod

Cynnwys

'Corachu eto'n drowsus byr'   9

'Parched pob byw ei orchwyl'   143

'Angau, 'rwyt ti'n fy ofni i'   163

'CORACHU ETO'N
DROWSUS BYR'

1

AM EI FOD ar gefnen sydd yn agos at ffarm hynafol Bryn-brain y galwyd y pentref ifanc lle'm ganed ac y'm maged i yn *Gefn*-bryn-brain. Myn y llygad, onid daearyddiaeth, taw'r ffarm sydd y tu cefn i'r pentref, ond y mae'n ganrif a chwarter yn rhy hwyr i ailenwi'r lle yn *Flaen*-bryn-brain. Ym mhumdegau cynnar yr ugeinfed ganrif codwyd stad o dai cyngor 'ar dop y Cefen', ys dywedem, stad a godwyd ar dir a brynwyd oddi wrth Fryn-brain. Stad Bryn-brain ddylsai ei henw fod, ond ni ddefnyddiodd neb yr un enw arni ond 'Tai Cownsil'.

Emrys a Willie ei frawd, dau ŵr gweddw – hynny yw, dau hen lanc – ynghyd â Mrs Jones eu mam a ffermiai Fryn-brain pan oeddwn i'n grwt. Cyrhaeddid y ffarm ar hyd ffordd drol garegog gyda chaeau gwair gwastad o boptu iddi, un cae gwair go helaeth i gyfeiriad y gogledd yn ffinio â Choed y Fers, a chae gwair llai i gyfeiriad y de yn ffinio gyda ffordd drol garegog arall a arweiniai at ffarm iau Nant-y-brain. Yr oedd ceg y ffordd i Fryn-brain ar gwr y stad dai cyngor. Mewn modur aech iddi drwy bâr o glwydi llydan; ar droed aech iddi drwy giât mochyn. Ymhen deugain llath byddai'n rhaid i chi rydio nant fas fechan na chlywais neb erioed yn ei galw wrth unrhyw enw priod. Ond y mae synnwyr yn dweud taw nant Brain ydoedd, a thaw hi a roddodd eu henwau i'r ffermydd gerllaw iddi. Ymhen tri chan llath wedi'i chroesi, ar y llaw chwith i ben y ffordd, deuid yn araf ar i waered at fuarth Bryn-brain ac at yr adeiladau allan, twlc mochyn a stabal a dowlod a beudy. Ond yr oedd cyrraedd y twlc yn golygu eich bod wedi mynd heibio talcen gogleddol y tŷ, heb sylwi ar y glwyd yn y wal uchel ar y dde, clwyd a oedd yn arwain at risiau a âi i lawr yn ddwfn serth at ddrws y cefn a'r gegin. Gan mor isel oedd y gegin hir honno, yr oedd bob amser yn hanner-tanddaearol o dywyll. Yr oedd yno le tân blac-led a ffwrn wrth ei ochr, bord a aethai'n wen gan gymaint sgwrio, a dwy ffwrwm i eistedd wrthi. Dyna deyrnas Mrs Jones. Y cof sydd gennyf amdani hi yw ei bod yn wastadol yn torri tocynnau bras o fara gwyn, tocynnau o fara gydag ymenyn – ymenyn y ffarm ei hun wrth gwrs – yn dew arnynt, neu'n ffrio ham Gymru, y cig hyfrytaf yn bod. Twmplen fechan serchus oedd Mrs Jones, gwidw nas gwelais ond mewn ffrog waith ddu a ffedog fras a chap gwlân ac esgidiau trymion. Nis gwelais erioed yn y pentref.

Yr oedd porth ffrynt crwn y tŷ ffarm yn bochio'n bell allan, fel petai'n ffoledd pensaernïol o'r ddeunawfed ganrif. O'i flaen yr oedd yr ardd flodau leiaf bosibl a mur bychan, eto â chlwyd ynddo, yn ei hamgylchynu. Ar ochr ddeheuol y tŷ a'r buarth, y tu ôl i fur tipyn mwy sylweddol na mur yr ardd flodau, yr oedd perllan a gardd lysiau, ond gan na allwn weld dros y mur hyd yn oed ar flaenau fy nhraed ni wn beth a dyfai o'i phridd heblaw'r ffrwythau a'r llysiau cyffredin arferol. Ynghyd â'r gegin iselradd a'r ffrynt bochus, prif nodwedd Bryn-brain oedd bod rhywun flynyddoedd lawer ynghynt wedi ei bincgalchu, y tŷ annedd a'r tai ma's.

Cawn fynd yno weithiau gyda fy mam i gasglu ordors. Buasai hi'n gweithio cyn priodi yn Siop Gynól, Draw'r Hewl, sef ein henw ni ar Gwmllynfell. Pan oedd fy chwaer Lynwen a minnau yn nosbarthiadau uchaf yr ysgol gynradd, aeth Mam yn ôl i weithio i'r siop groser honno yn rhan-amser, a phob dydd Iau ei thasg oedd mynd rownd tai'r cwsmeriaid rheolaidd ar y Cefen i ofyn iddynt beth oedd eu hanghenion yr wythnos honno, anghenion y byddai William Siop, mab Mrs Gwennie Davies y perchennog, yn eu cludo iddynt bob prynhawn dydd Gwener yn ei fan fawr Leyland lwyd. Ddyddiau Gwener arferai William gyrraedd ein tŷ ni tua chwarter wedi pedwar, a hyfrydwch y diwetydd a diwedd yr wythnos waith i mi oedd cael mynd gydag ef yn y fan i dop y Cefen a lawr mor bell â Gorshelyg a Rhosaman, a danfon y nwyddau hyn – a alwem yn *goods* – i'r cwsmeriaid disgwylgar. Y prydiau hynny, cawn fynd eto i Frynbrain, fi'n agor y pâr clwydi iddo ef gael gyrru'r fan drwyddynt ac yna'u cau ar ein holau. Yr oedd William yn ei ugeiniau yr adeg honno, fel darn tenau o'r haul yn oleuwallt serchus.

Am reswm ffisiolegol amlwg, Willie Sly Eyes oedd enw bechgyn y Cefen ar Willie Bryn-brain. Ambell waith yn ystod gwyliau'r Pasg a gwyliau'r haf byddai twr ohonom yn sleifio heibio i'r ffermdy pincgwangalchog ar ein ffordd i'r jyngl, chwedl ninnau, sef y goedwig denau a nodai'r ffin rhwng Bryn-brain ar ein hochr ni i'r byd a ffarm Tŷ Gwyn a berthynai i ochr Cwmllynfell i'r byd, lle dychmygem ein bod yn Darzaniaid yn neidio o un golfen i'r llall. Os daliai Willie ni'n torri gwaywffyn o'u canghennau wrth i ni chwarae yno, neu os daliai ni ar ein ffordd tua thref oddi yno gyda ffyn o'r canghennau yn ein meddiant, gwae ni. Er gwaethaf ei fygythion ni ddarfu iddo'n brifo'n gorfforol erioed, ond yr oedd brath ei lygaid culion yn hen ddigon i godi ofn arnom.

Ar y llaw arall, un ffeind, araf oedd ei frawd
Emrys, araf wrth natur, ac araf hefyd oherwydd rhyw
ddiffyg ar ei ysgyfaint. Yr oedd mor bwyllog garedig
ag yr oedd Willie'n ymddangosiadol wenfflamus.
Am flynyddoedd ef a gariai laeth i gartrefi Cefn-
bryn-brain – i lawer ohonynt, ta beth. Gyda'i gaseg
Bess a'i gart pren deuai rownd y tai, a chodi'r llaeth
i jygiau'r gwragedd o ddwy *churn* a bwysai ar lawr
y cart. O'n tŷ ni cefais fynd i waelod y Cefen gydag
ef un waith. Ac un waith yn unig, achos pan oedd
ef wrthi'n siarad gyda mam Nyrs Oliver uwchben
ei jwg, rhaid fy mod i wedi cyffwrdd y reins mewn
ffordd mor ddieithr ag i ddychryn Bess nes iddi
garlamu hyd Hewl yr Ysgol, a mi'n unig yn y cart.
Am nad arweiniai'r hewl honno i unlle yr oedd yn
rhaid i Bess stopio wrth efail Danny Williams, ac yno
yr ailymunodd Emrys â ni, wedi colli hynny bach o
wynt a oedd ganddo yn llwyr.

Rhaid ei fod yn hoffi fy nghwmni. Unwaith aeth
â mi yn ei fan A30 i fart Castell-nedd. Ie, unwaith
yn unig y cefais y profiad hwnnw hefyd. Aeth â mi
i gaffi. Nid oedd halen na phupur ar ein bord ni, a
phan gyrhaeddodd ein tships a'n cig moch a wŷ
estynnais am y potiau halen a finegr a oedd ar y ford
nesaf, ac wrth imi'n eisteddog orymestyn wysg fy

nghefn tuag atynt cwympodd fy nghadair yn ôl yn glep ar y llawr gyda mi ynddi, a chododd fy nhraed ein bord ni a'i mhoelyd, hi a'r ddau bryd bwyd oedd arni, a'n dysgleidiau o de. Bu Emrys yn adrodd hanes y moelyd hwnnw hyd ei fedd cynnar. Yr unig beth y cofiaf imi gael ei wneud fwy nag unwaith gydag ef oedd gweithio yn y gwair – cribinio'r gwair a laddwyd yn y cae top gyda rhacâu pren, dringo i ben y gambo lawn, ac ar ôl i Bess ei chludo i'r buarth cawn neidio i'r dowlod i ddemsgin ar y gwair a gludasid yno ynghynt er mwyn gwneud mwy o le i'r gwair newydd.

Ni wn beth oedd oedran Mrs Jones pan welais hi gyntaf. Buasai John Jones, ei gŵr, farw ymhell cyn i mi wybod dim am y byd, heb sôn am Frynbrain. Ni phoenwn am y fath beth gynt, wrth gwrs, ond y mae'n boen imi heddiw na wn a oedd Emrys a Willie yn henach neu'n ifancach na Mam a Nhad, fel y mae'n boen imi na wn beth oedd oedran Willie pan briododd yn ganol oed, na beth oedd oedran Emrys yn marw'n ganol oed. Gwaeth na hynny, ni wn pryd y bu farw. Y mae mynd oddi cartref i goleg – ac yna aros oddi cartref am byth i weithio bant – yn andwyol i adnabyddiaeth barhaus dyn o'i bobl. Os cofiaf yn iawn, dilynodd Willie Margaret ei chwaer a phriodi rhywun ffarmwrol o Frynaman. Yr oedd Evelyn, y chwaer ifancaf, wedi priodi'n ifanc gyda Neville Dennard, un o fechgyn y Cefen, ac yn y man daethant hwy a'u plant i fyw dri thŷ oddi wrth ein tŷ ni.

2

Cyn codi'r Tai Cownsil, y pedwar tŷ ar hugain ar y stad drionglog ag ydyw, deg a thrigain o dai oedd ar Gefn-bryn-brain. Gellir yn gwbl deg ddweud eu bod wedi cael eu codi blith draphlith, achos nid oedd trefn strydol arnynt o gwbl. Eto, rhaid dweud bod yno ambell res syth o dai, ac ambell res gam o dai. A dweud gyda phendantrwydd eu bod nhw i gyd wedi'u codi un ochr i'r hewl a arweiniai o'r hewl fawr rhwng Brynaman a Chwmllynfell i dop y Cefen. Yr oedd pump neu chwech o'r deg tŷ a thrigain yn hen hen dai, er wedi'u diweddaru yn achos rhai, sef yn hen dai a godwyd ymhell bell cyn diwydiannu o Ddyffryn Aman a Chwm Tawe. Pan aeth Emrys Lewis a'i deulu i'w tŷ cownsil newydd yn y pumdegau cynnar, gadawsant un o'r hen dai hynny'n wag, ac yn wag y bu. (Mair, merch Emrys Lewis, gyda llaw, yw mam Josh Lewsey, y chwaraewr rygbi pur enwog.) Yn wag hefyd y gadawyd eu hen dŷ nhw pan gymerodd ei dad a'i fam fy nghyfaill Tony Jones bant oddi wrthyf yn bump neu chwech oed gan fudo i Northampton. Ond trigai teuluoedd o hyd yn rhai o'r hen dai eraill. Yr oeddynt yn hawdd eu hadnabod nid yn unig am fod iddynt ffurfiau hirion a thoau isel hen fythynnod, ond am fod caeau yn perthyn iddynt.

'Y Cae' oedd yr enw ar un ohonynt. Yn hwnnw y trigai teulu dyn a ymhyfrydai yn y ffaith ei fod yr un boer â'r milwr mawr Montgomery, dyn yn dwyn yr enw Tom Evans, ond a adwaenid gan bawb yn y pentref fel Twm Sandy. Gwisgai feret ar ongl megis arwr Alamein, ond twyll oedd y tebygrwydd. Am wraig Twm Sandy, yr oedd twyll tywyllach ynddi hi. Cafodd Mam unwaith achos i'w drwgdybio o ddwgyd parsel yr oedd hi wedi'i roi o'i dwylo ar gownter Siop Anti Mary wrth bacio rhywbeth i'w bag siopa, parsel a oedd yn cynnwys trowsus byr newydd i mi. O weld ei golli ar ôl cyrraedd y tŷ, aeth drachefn i'r siop i weld a oedd yno. Nac oedd. Gan taw Mrs Evans y Cae oedd yr unig gwsmer arall yn y siop pan oedd Mam yno gyntaf, penderfynodd fynd i'r Cae i'w holi. Ni wnaeth Mrs Evans ddim ceisio gwadu iddi gymryd y parsel: aeth i gwbwrt yn wal y gegin i'w ercyd a'i roi yn ôl i Mam yn syth. Pa ddiben oedd iddi ei ddwgyd yn y lle cyntaf, Dyn a ŵyr. Er bod ganddi ddau fab gartref, Graham a Dudley, y naill yn grwt garw swnllyd a'r llall yn ferchetaidd feddal, yr oeddynt rai blynyddoedd yn hŷn na mi, ac wedi hen dyfu ma's o drowsusau byr. Symudodd teulu'r Cae hefyd i'r Tai Cownsil yn y pumdegau.

Gyda golwg ar y tai diweddarach ar y Cefen, y tai a wnaeth y lle'n bentref o ddiwedd y bedwaredd ganrif ar bymtheg tan y Rhyfel Mawr, sef y cyfnod pan ddenwyd cannoedd ar gannoedd o deuluoedd newydd i fyw yn agos i'r gweithfeydd glo carreg yn ardaloedd Ystradowen a Chwmllynfell a Brynaman a Gwauncaegurwen, yr oeddynt gan mwyaf yn dai deulawr eithaf sylweddol, gwahanol iawn i'r terasau o dai glowyr lled fychan a welir yng nghymoedd canol a gogledd Morgannwg. Yn wir, yr oedd – ac y mae – yno ambell dŷ ysblennydd. Y mwyaf ysblennydd yw Greenhill ar waelod y pentref, tŷ fel plasty bach y cynlluniwyd dreif cysgodog i arwain ato, ac y gosodwyd o'i gwmpas ardd addurniedig ac ynddi binwydd Americanaidd anghyffredin a rhododendron. Eurfyl Morgan a'i wraig a'i fab Arwel a breswyliai yn un rhan ohono, a mam a thad Eurfyl yn y llall. Gan mor balasaidd ydyw, y mae'n anodd iawn meddwl taw glöwr a'i cododd. O'r ochr arall, ni wn am yr un cyfoethogyn a fu'n byw ar y Cefen erioed, na rheolwr gwaith glo na masnachwr o fri. Gallasai fy mam fod wedi mynd i fyw i Greenhill fel ei feistres. Dywedaf hynny am fod yn fy meddiant ddigon o luniau ohoni hi a Delyth, ei ffrind gorau, ac Edna, ei hoff gyfnither, ar wyliau yn Aberystwyth cyn yr Ail Ryfel Byd, a hynny yng nghwmni Eurfyl Morgan a dau ŵr ifanc arall na allaf roi enwau iddynt. Y mae'n amlwg taw gydag Eurfyl yr oedd hi, ac y mae'n amlwg eu bod yn mwynhau cwmni'i gilydd. Ond petai wedi priodi ag Eurfyl nid y fi fuaswn i, ac nid hyhi fuasai fy mam. Yn wir, ni fuaswn i o gwbl.

Ychwaneger at y deg a thrigain o dai a gyfrifais ar y Cefen fyngalo Edwards y Co-op, a godwyd ar ran orllewinol y Twyn, a'r ddau fyngalo sinc ar y ffordd gefn i Gors-hir. Yn y naill o'r rheini preswyliai teulu'n dwyn y cyfenw Walters, ac yn y llall Doris ac Ifor Jones a'u merched (a oedd yn perthyn o bell i ni), a dyna dri ar ddeg a thrigain. Ychwaneger atynt eto y tai ffarm (hŷn, o raid) oddi amgylch y pentref, Ffin-nant, Nant-y-brain, Bryn-brain, Llwyn-moch, y Ddôl-gam (lle ganed Watcyn Wyn pan oedd ei fam oddi cartref), y ddau Goedcae (y ddau Gotia) a Gors-hir ei hun, a dyna bedwar ugain drosodd.

Yn 1961, y flwyddyn yr euthum i Fangor i'r coleg, gallwn enwi pawb a drigai ym mhob tŷ ac eithrio Llwyn-moch; o Milt a Mrs Thomas y Ddôl-gam ar y Mynydd Du hyd at y tŷ pellaf ar waelod y pentref, sef y tŷ agosaf at y rheilffordd a'r orsaf, lle trigai Eben Richards, y drws nesaf i Netta a Vincent Thomas, codwr canu Methodistiaid prin Capel Brynllynfell a chynhyrchydd ardderchog yr opera flynyddol a lwyfennid yn y Neuadd Les yng Nghwmllynfell.

O'r ffermydd a enwais yn awr, yr oedd perchennog Ffin-nant a pherchennog Gors-hir, dau dyddyn cymharol fychan, yn gweithio yn y gwaith glo yn ogystal â ffarmo. Er bod llwybr troed o ben draw Hewl yr Ysgol hyd at Nant-y-brain yn mynd heibio i'r Ffin-nant, anaml y cerddwn ef am fod gan yr Harriesiaid a drigai yno yr enw o fod yn bobl sarrug. Jack Harries a adwaenwn i orau, ac os oedd dyrnau a rhegfeydd Jack yn arwydd o natur ei deulu, a waredo'r neb a'i croesai. Ond awn at Davy Morris a Mary Morris Gors-hir yn weddol gyson, yn rhannol am fod y llwybr tuag yno mor hyfryd, yn ail am fod y ddau mor groesawus, ac yn drydydd am fod yn y cefn, tu fa's i'r tŷ – nis bendithiwyd â buarth – garcas hen gar modur to-agored rhydlyd y gallem ddringo iddo a chymryd arnom ein bod yn ei yrru i bellafoedd byd.

Âi dyn at yno heibio i gefnau'r tai cyngor, yna drwy gadw at glawdd ar y chwith a arweiniai at sticil; croesi hwnnw, a dyna dramwyo'r llwybr culaf rhwng colfenni y gwyddwn amdano. Rhoddai'r tŷ iseldo ym mhen draw'r llwybr hwnnw yr argraff ei fod yn ddau dŷ, ac er fy mod weithiau'n tybied fy mod yn cofio rhywun yn byw drws nesaf i'r Morrisiaid, nid awn ar fy llw taw fel'ny yr oedd. Mary Morris yn ei barclod bras yn chwilio am wyau'r ieir ym mhob man, a Davy Morris yn llwytho gwair i'w gambo yn y caeau o boptu'r llwybr cul: dyna'r lluniau sy'n aros.

Dywedais fod caeau'n perthyn i'r hen fythynnod. Yr oedd rhai o drigolion y tai newyddion hwythau wedi cau peth o'r Twyn yn gaeau. Dyna William Henry Williams, a drigai ychydig yn uwch na'n tŷ ni. Yr oedd ganddo fe gae gyferbyn â'r tŷ o'r enw 'Y Cae' y cyfeiriais ato gynnau, a chadwai ambell geffyl ac ambell ferlen arno. Yno y gwelais sbaddu march am y tro cyntaf a'r tro olaf. Gyferbyn â'n tŷ ni, yn Sunnybank, trigai Emrys Thomas gyda'i chwaer Sally a Tommy Sinclair ei gŵr a Ken eu mab. Meddai Emrys ar gae ar oleddf yr ochr draw i'r hewl o Sunnybank, lle porai ceffylau a defaid yn eu tro, anifeiliaid a gaent do uwch eu pennau pan fyddai ei angen yn un o'r ddwy sied sinc fawr daredig a godwyd ar odre'r cae.

Gwair i'w bwydo yn y gaeaf oedd yn y sied arall. Ym mhen draw'n hewl ni yr oedd Llew Morris a'i wraig yn byw, pâr di-blant â golwg aflawen arnynt. Yr oedd ganddo ef hefyd gae, cae helaeth yr eid iddo drwy glwyd fechan na chaniatâi i'r un cart na thractor fynediad iddo. A dyna Dai Garnant wedyn: yn yr hyn a oedd i fod yn ardd y cadwai ef ei anifeiliaid, cymysgedd dychmygus o wyddau a milgwn. Dai Garnant gefnsyth hyderus yn cerdded ei filgwn oedd un o olygfeydd noblaf y Cefen inni'n grwt.

Yr oedd nifer o bobl yn berchen ar siediau sinc, y mwyafrif ohonynt wedi'u tarro'n ddu, siediau a safai gyferbyn â'u tai, yr ochr draw i'r hewl a ddringai o'r A4068, sef yr hewl y cyfeiriais ati gynnau i dop y Cefen. Dywedais gynnau hefyd fod y tai i gyd ar y dde i'r hewl honno. Ar y chwith iddi yr oedd y siediau. Cadwai Johnny Tir Deg ffowls yn ei sied fawr ef; hen breniau a phram hynafol a matres wedi gweld gwell dyddiau a phob math o geriach oedd yn ein sied fach ni ar gwr y Twyn; car oedd yn sied William John; a thrap hardd, main ei lorpiau, oedd yn sied John Lewis y Byrd.

At hyn, i amrywio'r patrwm lled-amaethyddol ymhellach, noder bod un neu ddau o bobl y pentref yn meddu ar stabal neu feudy er nad oedd ganddynt na ffarm na thyddyn fel y cyfryw. Dyna Mrs Samuel a'i meibion Tom a Griff: trigent hwy hefyd yn un o'r hen fythynnod cyn-bentrefol. Er iddynt droi eu cae-o-flaen-tŷ yn ardd yr oedd ganddynt geffylau bob amser, a chart, a gwyddau yn ogystal, ceffylau a gwyddau a gedwid mewn adeiladau allan dros y ffordd i'w hen fwthyn, ac ieir o gwmpas y tŷ. (Un o feibion yng nghyfraith Mrs Samuel, John Gwyn Thomas, gŵr Edna Siop, a ddywedodd wrthyf ar ôl imi ennill gwobr am farddoni yn adran ieuenctid yr Eisteddfod Genedlaethol yn 1961, 'Ti'n *made* nawr, Der.') Yr oedd gan Bill Dennard a'i wraig hwythau feudy ar ben draw Hewl yr Ysgol, gyferbyn ag efail Danny Williams, a chae pori y tu hwnt i hwnnw wedyn. Ond mewn tŷ pen, y pellaf o'r efail mewn rhes o bedwar, y trigent: yr oeddynt megis yn dyddynwyr didoledig. Yr oedd gan Wncwl Richard drws-nesa-i-ni hefyd sied sinc, un ddwbwl, ond yr oedd honno ar bwys y tŷ. Ei sied lo oedd y rhan nesaf ato, a sied â drysau stabal ynddi oedd y rhan arall. Dywedaf 'sied â drysau stabal ynddi' er na bu yno'r un ceffyl yn ystod fy mywyd i. Yn wir, pan oeddwn i'n rhyw wyth oed tynnwyd y rhan stablog i lawr, a chododd Tom, fab Richard, garej *breeze blocks* yn ei lle.

Da dweud bod rhai o'r arferion lled-amaethyddol

hyn yn fyw hyd yn oed gan o leiaf un o breswylwyr newydd y tai cyngor. O fwthyn yn Rhosaman y daeth teulu Raymond Davies i'r tai cyngor, ond rhaid eu bod yn rhentu cae yno gynt a'u bod yn dal i'w rentu ar ôl symud i'r Cefen, achos prif ddiddordeb Raymond oedd ei gaseg wen, Dol. Wrth yr enw hwnnw y'i hadwaenid ef hefyd.

Yr unig adfail llwyr ar y Cefen oedd tŷ – eto ar y Twyn, fel tŷ Edwards y Co-op – a godasid yn ystod plentyndod fy mam ac a losgwyd i'r llawr ymhell cyn fy mhlentyndod i. Yr oedd yn weddill ohono fonion ei hen furiau a'i ychydig barwydydd, gyda thyweirch a mwsogl yn eu gorchuddio i gyd. Ar ôl i mi fynd bant i'r coleg cododd dyn ifanc o'r enw Rhys Davies, a Doris, ei wraig benddu o Saesnes, fyngalo newydd ar seiliau'r hen furddun, gan ddwyn oddi ar ferched y genhedlaeth newydd y cyfle i chwarae tŷ bach mewn hen dŷ go iawn, fel y gwnaethai cenhedlaeth eu mamau.

Cyn codi'r Tai Cownsil, dwy hewl darmacadam oedd yn y pentref, a heblaw am y ffordd sy'n rhedeg drwy'r tai cyngor dwy hewl darmacadamedig go iawn sydd yno hyd y dydd heddiw – ffyrdd a glytiwyd gan darmac yw'r lleill – sef yr hewl sy'n mynd o'r ffordd fawr lan i dop y Cefen, heibio'r ysgol a Siop

Anti Mary (Siop Edna wedyn), lan hyd at dŷ Glyn ac Eulonwy Stephens, a Hewl yr Ysgol. Un tyle hir yw'r hewl gyntaf honno: i lawr ei hallt hi y byddem yn chwarae'n fentrus onid yn beryglus gyda'n ceirtgeido. Hewl fawlyd yw pob hewl arall ar y Cefen, hewlydd heb eu mabwysiadu, a defnyddio ieithwedd yr hen Gyngor Sir; ond am eu bod yn fawlyd gallem farco cylchoedd a siapiau pysgod ynddynt i chwarae marblis. Y mae saith o'r hewlydd eraill hynny: yr hewl waelod o dŷ Nyrs Oliver hyd at dŷ Eben Richards; honno o dŷ mam Morfudd a Hannah Williams hyd at dŷ rhieni Delphus Williams (dylai'r Cefen fod yn fyd-enwog am ei enwau bedydd); yr hewl o dŷ John Evans yr Apostolic hyd at Dremle, y tŷ a brynodd fy Wncwl Edgar, brawd fy mam, ac Anti Gwen ei wraig, oddi wrth ei hen ysgolfeistr; ein hewl ni; yr hewl heibio i Siop Annie May hyd at fyngalo sinc John Lewis y Byrd a Thudful ei wraig; a'r ddwy hewl dop o dŷ Glyn ac Eulonwy Stephens hyd at dai'r teuluoedd Cronin ac Onions, a thŷ Tommy a May Davies.

Byddwn yn tramwyo'r hewl waelod yn rheolaidd. Bob bore Sul ar ôl cwrdd, hyd at 1954 pan ddaethpwyd â dogni bwyd i ben, awn i dŷ hen ŵr o'r enw David Gwynne gyda'r ddogn wythnosol o gaws a brynai Wncwl Edgar ac Anti Gwen gyda'u llyfr *rations* (yr oedd ef yn eithriadol hoff o gaws, y mae'n rhaid, a doedd gyda nhw gynnig iddo). Yr oeddynt hwy yn cael rhywbeth gan David Gwynne yn gyfnewid, rhywbeth wedi'i lapio mewn papur llwyd a'i rwymo â llinyn – ond am mai Anti Gwen oedd Anti Gwen – ni feiddiais erioed ofyn iddi beth ydoedd, na sut a phryd y dechreuwyd yr arferiad hwn o gyfnewid nwyddau. Yr oedd David Gwynne, fel Mrs Jones Bryn-brain, yn un na welwn ar ben hewl byth. Yn ei gornel yn ei gegin gefn y cawn ef bob gafael, yn fwstashog wyn, hen, ddi-sgwrs, ond yn naturiol, o ystyried y caws, yn ddigon croesawus. Y drws nesaf iddo, ac o dan yr unto ag ef, trigai Sam Evans ysmala gyda'i chwaer Lizzie Mary a'i gŵr o athro graddedig Dedrick, un arall o ddynion Ellmynig-eu-henwau y Cefen. I mi, coesau hirion Lizzie Mary, cyn iddi briodi, yn cic-ddawnsio yn y corws fel merched y Moulin Rouge oedd uchafbwynt operâu blynyddol Vincent Thomas yn Neuadd Les Cwmllynfell.

Cerddwn yr hewl waelod honno i ddysgu adrodd hefyd. Fy athro oedd Tom Henry Thomas, glöwr wedi ymddeol, dyn mwyn a chanddo lygaid tra deallus a gwallt cyrliogwyn bardd. Trigai ef a'i wraig Anti Cassie y drws nesaf i Magi Tomi – nage, Magi Tômi – perthynas gegog, afrad iddo yr oedd ei ymhyfrydwch yn ei hen ogoniant rhywiol yn dra gwahanol i'w lengarwch gwâr a'i ysgrythurgarwch gwybodus ef. Magi Tômi oedd mam Bertie, cochyn gwantan o gorff a meddwl na wnâi neb (ond ei fam, ambell waith, efallai) ddrwg iddo, a mam Graham Williams, adroddwr arall, hŷn na mi o bum neu chwe blynedd, a fanteisiodd ddigon ar yr ysgol a gafodd gan Tom Henry i ddod yn ei fan yn adroddwr llawryfog ac yn fardd arobryn gyda'r mwyaf lluosog ei gadeiriau a welodd Sir Gâr a gorllewin Morgannwg erioed, ac a enillodd fri eisteddfodol ledled Cymru o dan yr enw Cefnfab. Cofiaf Cefnfab yn priodi'i wraig gyntaf, esgynbren o eneth ifanc ddwy ar bymtheg oed (fel efe) o Ystalyfera neu Odre'r-graig, na feddai sill o'i famiaith ef. Ef – o bawb – oedd y cyntaf i mi ei weld yn priodi mewn het galed a chot â chwt. Tadogodd dyaid o blant mewn dim, a rhoddodd enwau Cymraeg a Saesneg ar yn ail arnynt. I neb o'r Cefen, a fagodd Dedrick a Derek a Delphus a Clement a Gerald a Beatrice a Rosemary a Grace *etcetera*, *etcetera* yn Gymry Cymraeg naturiol, lol ddiangen oedd gwneud hynny. Cyn tadogi'r plantos Eingl-Gymraeg, unwaith yn ystod pythefnos Wimbledon lluniodd Cefnfab englynion i Maria Bueno, a'u dwyn at y bws a'n cariai ni o'r ysgol ramadeg fel y cawn i fod gyda'r cyntaf i'w darllen a'u blasu. Tom Henry, yn ddiau, a ddysgasai'r cynganeddion iddo. Nid hwyrach bod merch Tom Henry, Rhianydd, hithau yn medru dosbarthu'r cynganeddion, oherwydd pan oeddwn i wrth draed ei thad yn dysgu telynegion Eifion Wyn ac adroddiadau digrif Abiah Roderick, yr oedd hi wrth draed yr Athro G. J. Williams yng Ngholeg Caerdydd, yn yr un dosbarth â Bobi Jones.

Y tro olaf imi weld Anti Cassie, dydd Calan ydoedd a hithau'n wael. Rhaid fy mod gyda'r cyntaf i alw yno i ganu calennig, neu rhaid mai fi oedd y bachgen pengolau cyntaf i alw yno, achos yr oedd rhyw goel bod gweld bachgen pengolau ddechrau'r flwyddyn yn deg yn dod â lwc dda i glaf. Ni newidiodd fy ngweld i ffawd Anti Cassie.

Euthum ar hyd yr hewl waelod honno hefyd i ymofyn fy meic cyntaf. Yn ogystal â thai o dan yr unto â'i gilydd yr oedd arni dri thŷ ar eu pennau eu hunain. Yn y pellaf o'r tai ar eu pennau eu hunain trigai'r teulu Watkins, y perthynai iddo bedwar ar ddeg o blant, merched gyda'r prydferthaf y gallai neb ddymuno'u cael a'u caru, a bechgyn gwenog hynaws. O'r bechgyn, Eric, y doniolaf a'r mwyaf gwenog, oedd yr un a adwaenwn i orau; ac o'r merched, Emily hufengroen hardd, a briododd gyda Geoff Durham o

Ynysmeudwy, a agorodd garej gyferbyn â thŷ ei fam a'i dad yng nghyfraith. Mewn carafán fawr sefydlog a drowyd wedyn yn fath ar dŷ y trigai Geoff ac Emily a'u merched, wrth dalcen y garej. Deuthum i'w hadnabod nhw'n weddol dda am fod fy nhad yn helpu Geoff i wneud ei gownts. Yn y tŷ ar ei ben ei hun y drws nesaf i'r Gwatcyniaid trigai un o'r ychydig barau priod a lwyddodd i beidio ag ymgymreigio ar y Cefen, Mr a Mrs Hughes. Arwydd o'u hanghymreigrwydd yw na wyddwn, ac na wn, enw bedydd y naill na'r llall ohonynt. Drwy Geoff, efallai, y clywodd fy nhad fod eu mab ifancaf, Michael, yn mynd i gael beic newydd, beic rasio, gweddus i fachgen athletaidd goleuben tair ar ddeg mlwydd oed. A chytunwyd y gwerthid ei hen feic, Raleigh du heb fydgard ôl, i mi. Y diwrnod yr euthum i'w nôl cefais siom enbyd. Yr oedd Michael wedi cwympo oddi ar ei feic rasio newydd, ac o'r herwydd yr oedd ei dad wedi penderfynu y byddai'n rhaid iddo lynu wrth yr hen Raleigh tan y meistrolai'r beic newydd yn llwyr. Rhyfedd bod fy nhad wedi cytuno, oherwydd yr oedd yn un garw am fargen, am gadw'i air, ac am fynnu bod eraill yn cadw'u gair hwythau.

Tybiwn fod ein hewl ni ar y Cefen yn fryntach na phob hewl ddidarmac arall. Tybiwn hynny am fy mod ar dywydd gwlyb yn gweld ei baw ar ein hesgidiau yn y tŷ, a'i ôl ar y linoliwm a'r matiau agosaf at y drws cefn, ond wrth gwrs ni welwn faw a bryntni tai pobl eraill. Chwe thŷ oedd ar ein hewl ni. Y canol o dri o dan yr unto oedd ein tŷ ni. Hoffwn fy nghartref yn fawr, ond meddyliwn hyd yn oed yn fy machgendod na thrigwn mewn tŷ canol fyth eto pe cawn ddewis peidio. Am resymau teuluol, am flynyddoedd yr oeddwn i'n grediniol fod Thomas Jones, fy nhad-cu ar ochr fy mam, ac Wncwl Richard, ei frawd yng nghyfraith, a drigai drws nesaf i ni drwy flynyddoedd fy machgendod a'm llencyndod, wedi cynllunio'u tai gyda'i gilydd (bu farw Thomas Jones flwyddyn cyn fy ngeni, fel y bu farw Anti Mary ei chwaer, gwraig Wncwl Richard, cyn i mi gyrraedd oedran cofio). Ond na, ni all hynny fod. Y mae'n amlwg taw'n tŷ ni a'r tŷ y drws nesaf arall iddo, Cartref, sy'n bâr: y mae eu drysau ffrynt agos-at-ei-gilydd a'u ffenestri – i'r chwith i'r naill ac i'r dde i'r llall – yn rhoi iddynt gymesuredd *semi-detached* a ddifethwyd gan Frynawelon, tŷ Richard a Mary Williams. Yr un patrwm yn union sydd i ffrynt hwnnw ag i'n ffrynt ni, y drws ffrynt ar y dde i'w wyneb a ffenestr y parlwr ar y chwith iddo. Rhaid fod ei chwaer wedi gofyn i fy nhad-cu a gâi ganiatâd i godi tŷ'n sownd wrth ei dŷ ef, ac iddo ef yn ei garedigrwydd roi caniatâd iddi, caniatâd a'i hamddifadodd o dalcen, un o'r pethau pwysicaf oll am dai pentref.

Tai â'u drysau cefn at yr hewl oedd yr holl dai ar ein hewl ni. Ni welid hynny o ogoniant a oedd i'w ffrynt ac eithrio o'r hewl fawr, ac yr oedd honno chwarter milltir i ffwrdd. Yr oedd wal rhwng buarth bychan ein tŷ ni a buarth Cartref, ond yr oedd llwybr agored rhwng ein tŷ ni a Brynawelon, sef oedd y llwybr hwnnw ein *right of way* i'r ffrynt ac i'r ardd, yr hyn a gafwyd yn lle talcen. Ar ôl i Nhad godi sied lo frics yng ngwaelod yr ardd yn lle'r sied lo sinc oedd gennym gynt o flaen y pantri a'r sgyleri ar y buarth bach (a alwem ni'n 'bac'), byddai'n rhaid inni gario glo a phopeth arall, offer gwaith, ysgolion i beintio'r ffrynt, a dŵr i ddyfrhau'r llysiau a'r blodau yn y gwanwyn a'r haf, &c., heibio drws cefn a thalcen Brynawelon. Ac am resymau y caf sôn amdanynt eto nid tasg felys oedd honno bob amser.

Ond o leiaf yr oedd gennym dŷ. Hyd yn oed ar ôl codi'r Tai Cownsil, ac ar ôl codi tai cownsil newydd yng Nghwmllynfell, tai cownsil stad fawr y Coedcae (y Cotia eto ar lafar), yr oedd nifer go dda o bobl heb eu tai eu hunain. O fewn canllath i ni yr oedd tri phâr priod yn rhentu ystafelloedd – *apartments*

– gan gymdogion i ni. Trigai Mayberry ac Audrey Evans mewn *apartments* gydag Wncwl Edgar ac Anti Gwen, trigai Rhys Davies a'i wraig Doris (y soniais amdanynt ynghynt) mewn *apartments* gyda Mrs Boyce drws nesaf, ac yr oedd gan John Aneurin a Freda Jones a'u merch fach Rhianydd – Rhianydd arall – *apartments* yn Sunnybank. O feddwl bod pob un o'r teuluoedd hyn heb annibyniaeth a'u bod yn gorfod rowndio talcennau'r tai lle trigent i gyrraedd y ceginau a'r tai bach a rannent gyda'u landlordiaid, nid oedd anhwylustod ein tŷ canol ni'n ymddangos yn gymaint â hynny o anhwylustod. Yr oedd Sunnybank yn dŷ moel mawr a gartrefai saith yn rhwydd. Yr oedd lle gyda Mrs Boyce drws nesaf am ei bod yn widw ac am fod Dolly, ei merch hynaf, yn nyrsio yn Abertawe ac yn lletya yno. Yr oedd lle gydag Wncwl Edgar ac Anti Gwen am eu bod yn 1946 wedi claddu eu hunig eneth, Tonwen, yn ddwy flwydd oed, ac am eu bod efallai yn barod i wneud unrhyw beth i roi bywyd yn ei ôl yn Nhremle.

Ond parau priod ifainc oedd y rhain, pobl yn dechrau byw. Er imi ofyn a gofyn, ni chefais erioed wybod pam yr oedd Wncwl John ac Anti Hannah yn byw mewn *apartments*. Brawd fy nhad-cu oedd ef, un arall o'r teulu a ddaethai dros y Mynydd Du i weithio.

Yr oedd yn ddyn cryf iawn yr olwg arno, hyd yn oed yn ei henaint, a chroen ei wyneb, a fu o dan ddaear am yn agos i hanner canrif, bob amser yn sgleinio'n iach fel petai newydd eillio. I'r gwrthwyneb yn hollol, gwraig fechan, eiddil, grychiog ei hwyneb, hŷn nag ef, oedd ei wraig. Efallai taw un eiddil a fu erioed, un eiddil na wnaethai galedwaith yn ei byw. Cofiaf fy mam yn dweud taw John Cario Dŵr oedd y llysenw a roddwyd ar ei hewyrth flynyddoedd ynghynt. Cyn i ddŵr rhedegog ddod i'r tai, byddai pawb yn gorfod mynd i ffynhonnau i ôl dŵr, a chan fod y dynion yn gweithio oriau hir yn y gweithfeydd glo y gwragedd a'i cludai fel arfer – y gwragedd ac eithrio Anti Hannah. Pan ddeuthum i i'w nabod trigent mewn *apartments* mewn tŷ o dan yr unto ag un arall ar dyle Cwm-garw ym Mrynaman Uchaf, trefniant a oedd yn ddirgelwch llwyr i mi am na ddeallwn pam na allent fforddio'u tŷ eu hunain. Rai blynyddoedd yn ddiweddarach cawsant un o'r tai cyngor newydd a godwyd y tu ôl i Aelwyd yr Urdd ym Mrynaman Uchaf.

3

Fel pe na bai enwau Bryn-brain a Chefn-bryn-brain yn ddigon breiniol, noder taw Llwyn-brain oedd enw'n tŷ ni. Y mae'n enw ar blasty cyfarwydd yng nghylch Llangadog, a thybiaf mai cario'r enw oddi yno a wnaethai Tom Jones pan groesodd y Mynydd Du i'r pyllau glo yn ystod blynyddoedd cyntaf yr ugeinfed ganrif, a'i roi ar y tŷ digon amhlastyaidd a gododd iddo'i hun a'i wraig Rachel. Yr oedd y cysylltiad teuluol diollwng â Llangadog yn peri i mi'n grwt fod yn ymwybodol iawn o ddiweddarwch y Cefen, mewn gwrthgyferbyniad â hynafolrwydd y pentref yr hanai fy nhad-cu a'm mam-gu ohono. Yr oedd yng nghanol Llangadog sgwâr ac eglwys a dau dŷ tafarn a siopau ymddangosiadol helaeth. Ar gwr y pentref yr oedd comin hardd, ac o'i gwmpas i bob cyfeiriad ddolydd helaeth, hanesyddol Dyffryn Tywi. Nid oedd ar y Cefen na siop gigydd na siop farbwr heb sôn am eglwys a thafarn. Ac o'i gwmpas nid oedd dim ond twyn a chors. Synhwyrwn fod Mrs Lewis, gwraig yr Emrys Lewis y soniais amdano gynnau, hithau'n ymwybod â'r un gwrthgyferbyniad. Un o Lanwrda oedd hi, a chyfeiriai at Lanwrda mor gyson fel y meddyliwn fod rhan ohoni yn ymweld â'r lle beunydd. Cyfeiriai eraill gyda'r un ymlyniad lled-hiraethus at Wynfe a Myddfai, Cynghordy a Llansadwrn, Rhos-maen a Bethlehem.

Yn sicr, yr oedd mwy nag ychydig o flas a lliw Llangadog ar ein bywyd ni fel teulu, ac yr oeddwn yn eithriadol falch ohono. Rhoddai imi berchnogaeth ar ryw fath o gyfoeth pell yn agos. Dyma fy myd 'arall' megis, fy myd cyn bod imi fyd, a dyma fy eilfyd. Pan gaem bryd o fwyd mwy cyfoethog nag arfer – cinio Nadolig, pan fyddai gennym ffowlyn a stwffin, a chinio Dydd Gŵyl San Steffan, pan fyddai gennym gig ffowlyn oer a stwffin – disgrifiad fy mam ohono fyddai ei fod yn bryd 'moesaidd', ansoddair a ddefnyddid gan ei hynafiaid, gweision a morynion ym Mhlas Glansevin Llangadog, i ddisgrifio gwleddoedd y boneddigion yno genhedlaeth a dwy ynghynt. Bob haf aem i Langadog yn rheolaidd – gyda Mam: unwaith yn unig y cofiaf fy nhad yn dod – gan fynd ar fysiau, bws coch James i Rydaman, bws James arall i Landeilo, a bws llwydlas Thomas Bros o Landeilo ymlaen, i ymweld â theuluoedd lluosog Anti Bessie ac Wncwl Twm Post. (I dylwyth fy mam-gu y perthynai'r bobl dda hyn. Rhaid nad oedd neb o deulu fy nhad-cu ar ôl yn Llangadog a'r cylch.)

Anti Bessie, un o chwiorydd ei mam, oedd hoff

fodryb fy mam. Pan fu farw mam fy mam ym mis Mai 1923, ddeng niwrnod ar ôl esgor ar eneth farwanedig, yr oedd fy mam yn chwech a hanner oed, yr oedd Tom Emrys ei brawd hŷn yn bedair ar ddeg ac Edgar ei brawd ifancaf yn dair. Flwyddyn neu ddwy'n ddiweddarach daeth Margaret, chwaer arall i Rachel a Bessie, a'r un yr enwyd fy mam ar ei hôl, dros y Mynydd Du i Gefn-bryn-brain i gadw tŷ i'r teulu amddifad. Yn y man priododd â'i brawd yng nghyfraith a dod yn fam wen i'w blant. Ni chofnododd Tom Jones y briodas honno ym Meibl y teulu – efallai am nad oes yno lefydd i gofnodi ail briodasau, efallai am fod Anti Marged, ys gelwid hi hyd yn oed gan y plant a fagodd, yn chwaer yng nghyfraith iddo, a bod hen egwyddor na ddylai gŵr briodi ei chwaer yng nghyfraith. Yr oedd Anti Marged yn wraig ardderchog ym mhob rhyw fodd, meddai fy mam, yn fenyw fwyn, garedig, weithgar. Ni wn yn iawn a wyf yn ei chofio ai peidio. Yr wyf yn dweud hynny am fod gennyf ffotograff ohoni'n eistedd yng ngardd Llwyn-brain yn fy magu yn ei chôl ac yn gwenu arnaf, ond ni wn ai ei chofio yn herwydd y llun yr wyf ynteu ei chofio mewn gwirionedd.

Yr oedd Llangadog yn lle cyfoethog oherwydd bod cefnderwydd a chyfnitherod fy mam yno mor lluosog, am ei bod hi mor hapus yno bob amser, ac am fod bywyd yno mor wahanol i fywyd mwy-na-hanner-diwydiannol Cefn-bryn-brain. Pentref yn y wlad ydoedd, gyda'i hamdden a'i hawddfyd ei hun. Yr oedd yng nghefn Maesydderwen, cartref helaeth tra chysurus Anti Bessie, siop waith go fawr ac ynddi'r casgliad mwyaf rhagorol o gelfi saer coed y gallai neb ei ddychmygu. Meurig ei mab o hen lanc oedd yn gweithio yno (am ryw reswm ni alwodd fy chwaer na mi ef yn *Wncwl* Meurig erioed, er taw Wncwl Idris oedd ei frawd a drigai ar y Comin). Gweithio coffinau y byddai y rhan amlaf, er bod drysau a fframiau ffenestri ar waith yno yn ogystal. Hoffach na dim ganddo oedd gweithio jôcs. Yr oedd adeilad yn perthyn i'r YMCA yn Llangadog. Byddai Meurig ar bob ymweliad yn gofyn inni ofyn iddo fe am beth y safai'r llythrennau hynny. Gofynnem, ac ar bob ymweliad atebai, 'Young Monkeys Caught Alive', a chwerthin ei chwerthiniad tyn. Ar y dde i weithdy'r saer yr oedd garej fawr ddi-ddrws i dri char, lle cadwai cymdogion difodurdy eu ceir. Yr oedd gweld tri char gyda'i gilydd yn olygfa ddieithr iawn i mi; a'r hyn a gofiaf amdanynt yw eu haroglau, aroglau petrol ar eu tu fa's ac aroglau lledr ar eu tu fewn.

Yr oedd Eirwen, merch ifancaf Anti Bessie, wedi priodi â dyn o Lundain, Arthur Blakesley wrth ei enw, dyn byr taclus gwenog cynhesol, a welem yn awr ac eilwaith. Ond Cymro gloyw oedd gŵr Edna y ferch hynaf, sef Denis Edwards, mab y siop esgidiau a ddygai'r enw Leicester House. *Lei-ces-ter* yn Gymraeg a ddywedem ni blant cyn i bobl hŷn chwerthin am ein pen a'n goleuo. Dyma grefftwr arall, crydd ac englynwr, a roes yr enw barddonol Erw'r Delyn ar ei gartref. Gallai Edna fod yn strict gyda ni blant, ond yr oedd ganddi galon garedig. Am Den, arian byw o ddyn byr trwynog teuau ydoedd ef, a'i weithdy yn werddon iddo. Ei ofid mawr ef ac Edna oedd fod ei dad – buasai ei fam farw cyn imi ei adnabod – wedi cadw i'w wely er y dydd y cafodd delegram i ddweud bod ei fab arall wedi'i ladd yn un o frwydrau'r Ail Ryfel Byd.

Yr oedd cyfnither arall i Mam, un o ferched Wncwl Tom Post, yn byw filltir dda i'r de i Langadog, yn ffermdy Felin Cwm – Felin Gwm a ddywedem – o'r lle y priodwyd Rachel, y fam-gu nas gwelais. Anti Bessie arall, iau, oedd y gyfnither hon a drigai yno, hi a'i gŵr, Wncwl Idris arall, a'u meibion, Huw ac Alun, y naill yn hŷn na mi a'r llall yn iau. Yng nghanol y pumdegau yr oedd y tŷ ffarm melyngalchog fel tŷ ffarm mewn llyfr darluniau, yn bert a bargodog a chynhesol, ac yn rhoi'r argraff taw tŷ to gwellt ydoedd o hyd. Yr unig dro imi aros yno ar fy ngwyliau hiraethais mor ofnadwy fel nad euthum eilwaith. Yr oll a gofiaf am y gwyliau hwnnw, heblaw fy hiraeth, yw udo cadnoid yn y nos. Ymhen rhai blynyddoedd symudodd Anti Bessie a'r teulu i gyffiniau Pentywyn, lle ganed trydydd mab iddi. Dyna'r unig greadur yn y tylwyth a enwyd ar fy ôl i'n Derek. Ond gan ddieithred yr aeth y teulu hwnnw ar ôl iddo fudo, amheuaf a welais Derek onid unwaith wedyn.

Y lle yr hoffwn yn fwyaf oll ymweld ag ef – ac aros yno ar wyliau – oedd Pen-y-bont Twrch, Pumsaint, ymhellach i'r gogledd na Llangadog, ar yr A482 i Lambed, lle trigai Anti Lou, chwaer Anti Bessie Felin Gwm, a'i gŵr Wncwl Tom. Yr oedd Pen-y-bont, fel y myn yr enw, wedi'i godi gerllaw pont gul y brif ffordd a groesai afon Twrch hanner milltir dda o ganol pentref Pumsaint, ac yn sownd wrtho yr oedd rhyfeddod diddarfod *egg grading station* a oedd yn eiddo i gwmni Thomas Evans and Sons, Egg and Butter Merchants, Abertawe, lle byddid yn graddio'r wyau y byddai Wncwl Tom yn eu casglu rownd ffermydd gogledd Sir Gaerfyrddin bob dydd – bob dydd ac eithrio dydd Gwener, achos ar ddydd Gwener âi â holl wyau stampiedig yr wythnos o ogledd Sir Gâr i Abertawe. Y rhyfeddod oedd bod yn y stesion honno gontrapsiwn a barai fod yr wyau yn cael eu cludo o'r blychau y cesglid nhw ynddynt megis ar feltiau pocedog yn uchel ar draws yr ystafell, a'u bod yn cael eu gollwng yn unol â'u maint ar wahanol fyrddau, lle byddai'r tair merch a gyflogid yn yr orsaf yn eu stampio ac yna'n eu pacio. John, brawd Wncwl Tom, oedd rheolwr yr orsaf, dyn sarrug corffol na hoffai Anti Lou mohono o gwbl am ei fod – dyna'i hawgrym – yn cam-drin y merched a weithiai yno; ond priododd un ohonynt gydag ef. Yn sownd wedyn wrth yr *egg grading station* yr oedd beudy deuddrws lle byddai Anti Lou yn godro pedair buwch. Byddai'r da hynny'n treulio lot o'u hamser o flaen y tŷ yn nyfroedd bas afon Twrch, fel gwartheg rhai o luniau John Constable. Unwaith, ar drip undydd i Bumsaint, syrthiais i'r afon wrth ymofyn ffon a oedd wedi syrthio iddi o'm blaen. Er mor fas ydoedd gwlychais fy nillad i gyd, a chan nad oedd plant ym Mhen-y-bont doedd dim trowsus sbâr i'w gael yno, ac, er diddanwch oesol i'm hewyrth ac er mawr chwithdod i mi, mewn blwmers yn perthyn i'm modryb y teithiais ar y ddau fws tua thref.

Gyferbyn â thŷ Pen-y-bont, reit ar lan y dŵr, yr oedd sied hir bren goch â ffenestri ynddi, lle cedwid beic Anti Lou ac offer garddio a buddai gorddi a phicweirch a manion ffarmwrol defnyddiol eraill. Yn nhalcen y tŷ yr oedd tŷ bach a oedd yn rhyfeddod arall, oherwydd cloddiwyd odano dwll a oedd o leiaf ddwylath o ddyfnder. Drwy'r twll llydan hwnnw y gollyngid ein carthion i gyd i nant danddaearol a redai i afon Twrch lai nag ugain llath o'r tŷ. A minnau wedi syrthio iddi! Un o brofiadau mwyaf synhwyrus bachgendod oedd teimlo'r awyr yn codi o'r nant danddaearol honno i awelu pen-ôl porcyn.

Rhyfeddod y tŷ ei hun – rhyfeddod *cyntaf* y tŷ ei hun – oedd fod ynddo simnai agored yn y gegin fyw. Ei ail ryfeddod oedd fod dyn yn mynd lan llofft drwy ddrws yng nghornel ffrynt y gegin honno, drws a agorai'n union syth ar risiau culion tro, grisiau a barai ichi lanio yn y llofft lle cysgai Anti Lou ac Wncwl Tom. Trydydd rhyfeddod y tŷ oedd nad oedd yno landing, a olygai fod yn rhaid i bwy bynnag a gysgai yn y ddwy ystafell wely arall gerdded drwy eu llofft nhw i gyrraedd eu gwelyau. Am flynyddoedd, bu fy nghyfyrder John James, Sgwâr y Compas, Llangadog, a weithiai ym melin goed D. J. Lloyd ym Mhumsaint, yn lletya ym Mhen-y-bont, a phob nos âi i'w ystafell

weinsgot fechan drwy ystafell wely ei letywyr. Gydag
ef y cysgwn pan arhoswn yno. Pedwerydd rhyfeddod
y tŷ oedd y ddau bren *box* a oedd wedi tyfu'n focsys
ciwb bendigedig o boptu'r llwybr byr a arweiniai
at ddrws y ffrynt. Yr oedd mwytho meddalwch eu
manddail â'm llaw yn rhoi imi bleser anghyffredin,
pleser amlach ond pleser llai na phleser yr awel ar
ben-ôl.

Anti Lou ac Wncwl Tom oedd fy mherthnasau
mwyaf annwyl, mwyaf gwreiddiol a mwyaf ysmala.
Byddai hi'n mynd at ei thasgau yn fân ac yn fuan.
Gyda'i phen yn ysgwyd fel petai'n dioddef o dwtsh
o Barkinson's diberygl, byddai'n crychu'i thrwyn yn
dragwyddol, a byddai'n dweud 'Ych a fi' fel byrdwn i
bob yn ail frawddeg a ynganai – rhywbeth a barai i ni
blant chwerthin dan ein dwylo a rhyfeddu ato yr un
pryd. Amdani hi ac Wncwl Tom gyda'i gilydd, pan
ddeuthum yn ŵr meddyliais y buasai Daniel Owen,
petasai'n Ddeheuwr ac yn perthyn i ganol yr ugeinfed
ganrif yn hytrach nag i'r ganrif gynt, wedi gallu creu
ohonyn nhw ail Farbara a Thomas Bartley. Yr oedd
cael mynd gydag Wncwl Tom i gasglu wyau o amgylch
ffermydd Llansawel a Rhydcymerau a Ffarmers a
Chaeo, yn ei lori goch gyda'i chanopi gwyrdd, fel cael
mynd i henfyd darluniadol o fuarthau caglyd prysur

a chartrefi croesawgar gwŷr a gwragedd y deuthum yn ddiweddarach i'w hadnabod yn llenyddiaeth D. J. Williams. Byddai Wncwl Tom yn ddi-feth yn galw mewn tŷ tafarn i gael ei ginio bara-a-chaws, a hoffai archebu fel hyn: 'Peint o gwrw imi, Pegi (neu Ann neu Bwy Bynnag), a glased o law tyrfe i'r crwt.' Fi oedd y crwt, a lemonêd oedd y glaw tyrfe. Yr oedd direidi lond ei lygaid. 'Gofyn imi, grwt,' meddai, mor aml ag y gofynnai Meurig am y YMCA, 'gofyn imi, grwt, pam mae 'mhenglinie fi mor fowr?' 'Pam mae'ch penglinie chi mor fowr, Wncwl Tom?' 'Am fy mod i'n gweddïo cyment, achan.' Gwynegon oedd arno.

Daeth y ddau ar eu gwyliau i Gefn-bryn-brain un tro. Ni chofiaf pam. Doedd gwyliau ddim yn eu byd. A oedd Anti Lou wedi bod yn dost, tybed, ac a awgrymodd ei meddyg y dylai gael newid aer a gorffwys oddi wrth ei haml orchwylion? Ni wn. Ond gwn ei bod hi a Mam wedi mynd am dro i Abertawe un diwrnod, a thaw Wncwl Tom oedd i fod i wneud te i ni blant ar ôl ysgol. A gwelaf ef yn awr ar ben hewl yn disgwyl amdanom gyda phob o far o siocled i fy chwaer a mi – ac yr oedd cael bar cyfan o siocled yn gwbl amheuthun. Dyma feddwl mai dyna'n te. Nage. Yr oedd wedi berwi winwns i ni, a diau y gwyddai eu bod yn anfwytadwy. Brynhawn neu ddau'n ddiweddarach daeth ein gweinidog, y Parchedig E. J. Davies, acw ar un o'i ymweliadau bugeiliol. 'Ac un o ble y'ch chi?' gofynnodd i Tom. 'O Bumsaint, achan,' atebodd hwnnw, 'ond pedwar sy ar ôl yno heddi.'

Ar ôl codi'r tai cyngor byddai darn o Langadog yn dod i'r Cefen bob wythnos i gasglu'u rhent, sef ocdd hwnnw Ifor James, tad y John a letyai ym Mhen-y-bont Twrch. Yr oedd Ifor James yn ddyn hynod dal, a hynod denau hefyd, ac yr oedd y teneurwydd yn fodd iddo wasgu'i daldra i fewn i'r Austin Seven a feddai. Yn amlach na heb, ar brynhawn dydd Mercher, byddai'r Austin bach y tu fa's i'n tŷ ni pan ddeuem tua thref o'r ysgol, ac Ifor James yn y gadair freichiau wrth y grât yn magu dysglaid o de a phlât ac arno un neu ddwy o bice jam ardderchog Mam. Yn ogystal â'i daldra a'i deneurwydd, y pethau eraill a gofiaf amdano yw ei fowler hat, ei dymer hwyliog, a chrychiadau'r croen lle buasai'i lygaid yn chwerthin. Yn naturiol, deuai â newyddion Llangadog gydag ef ar ei rawd wythnosol, a'r bwletinau diweddaraf am iechyd aelodau'r tylwyth estynedig a drigai yno. Ei wraig oedd yn perthyn i ni, ond nid oes gennyf gof imi ei gweld hi erioed. Rhaid ei bod yn wraig siriol: onid e, ni buasai ei gŵr na John ei mab yn greaduriaid mor rhadlon.

4

Yr un Beibl teuluol lle na chofnodir priodas fy nhad-cu gydag Anti Marged a ddywedodd wrthyf yn fy man fod dau blentyn arall wedi marw yn eu babandod yn Llwyn-brain: John, a fu ddeuddydd ar y ddaear hon yn y flwyddyn 1912, a Gwilym Ifor, a oroesodd am dri mis yn haf 1915. Ym Medi'r flwyddyn ganlynol y ganed Mam, ac Edgar – neu Egdar, fel y galwai llawer o ddynion y Cefen a Chwmllynfell ef – yng Ngorffennaf 1919. Gwyddwn er yn fychan am y brawd arall, Tom Emrys, a fu farw yn bedair ar bymtheng mlwydd oed ym mis Medi'r flwyddyn 1928. Ar ôl treulio'r haf hwnnw ar ei hyd yn Ward Studt ac yna yn Ward Griffith Thomas yn Ysbyty Cyffredinol Abertawe yn cael triniaethau pelydr-X, bu farw o'r canser a ddaethai i ganlyn damwain i'w fraich dde a gawsai ar gae rygbi Ysgol Sir Llandeilo y tymor cynt. Gan mor ddrwg y fraich ni allai ysgrifennu â'i law dde, ac y mae'r llythyron o'r ysbyty a luniodd ar gyfer ei dad a'i chwaer a'i frawd yn llythyron a ysgrifennodd gyda'i law chwith. Os oedd mewn poen yn barhaus yr oedd o leiaf yn cymryd arno ei fod mewn hwyliau da drwy'r cyfan. Yn un o'r llythyron at fy mam sydd ar gadw y mae'n tynnu ei choes am y bwydydd ardderchog oedd yn yr ysbyty. Rhaid bod fy mam er yn blentyn yn hoff iawn o'i hymborth, ac ni chollodd ei harchwaeth tra bu. Un ar ddeg oed yn mynd ar ei deuddeg oedd hi pan dderbyniodd y wybodaeth hon (ie, yn iaith gohebiaeth y Cymry cyffredin gwta ganrif yn ôl):

> Dear Sister,
> In reply to your letter of last week, I wish to inform you that I am getting on fine now. I get the same food now as every patient, and I get dinner every day.
>
> As you know we get ducks and turkeys here for dinner every day, and then for tea we get all the jellies, custard and tinned fruit you can think of. You're not jealous, are you?

Yr oedd Tom Emrys nid yn unig yn sbortsmon ond hefyd yn dipyn o sgolor, a phan gipiwyd ef gan yr Angau yr oedd ar fin cychwyn yn fyfyriwr yng Ngholeg y Drindod, Caerfyrddin. Yn Annibynnwr y'i maged, ond er mwyn cael mynd i'r Drindod, coleg yn perthyn i'r Eglwys yng Nghymru, bu'n rhaid iddo ymaelodi yn Eglwys y Santes Fargaret yng Nhwmllynfell, ac y mae'r geirda a luniodd y ficer iddo'i roi i brifathro'r Drindod yn awgrymu ei fod wedi bod yn ffyddlon i'w gwasanaethau am beth amser. Ond ym mynwent Bethania, ym medd y teulu, y'i claddwyd. Lawer gwaith yn fy machgendod meddyliais nid yn annaturiol fod rhan ohonof i yn ddilyniant iddo ef, fy mod mewn rhyw ffordd yn ail Dom Emrys, neu'n Dom Emrys dirprwyol. Cyfeirid yn ddi-feth at ei gampau ysgolheigaidd pan wnawn i'n dda yn fy ngwaith ysgol; cadwyd rhai o'i lyfrau megis rhag-lyfrgell i mi; a phan euthum i Ysgol Ramadeg Dyffryn Aman ni chefais *satchel* newydd, ond, er cywilydd i mi, y bag ysgol lledr a oedd gan Dom Emrys yn Llandeilo, bag a fuasai'n hongian yng nghwbwrt y *boxroom* yn ein tŷ ni er chwarter canrif, wedi'i liwio o'r newydd yn awr gan fy nhad yn felynfrown hyll. Yn 1961, pan euthum am rai dyddiau i Eisteddfod Genedlaethol Dyffryn Maelor, trefnodd fy mam imi letya yn Wrecsam gyda'r ferch a oedd yn gariad i Dom Emrys pan fu farw, gwraig o'r enw Edith, a Dave ei gŵr, a thybiwn fod disgwyl i'w merch nhw, Siân, a minnau glicio fel y cliciasai Tom Emrys a'i mam. Ond ni ddigwyddodd hynny. Pan ddeuai tua thref i Gwmllynfell i ymweld â'i pherthnasau byddai Edith wastad yn dod lan y Cefen i ymweld â Mam, a byddent yn achlysurol yn gohebu â'i gilydd. Hyd ei bedd, cadwodd Mam yr albwm *Autographs* a gawsai'n anrheg Nadolig gan Edith dri mis ar ôl marw Tom Emrys. Katie Jones, ei chyfeilles o Abergwaun, a ysgrifennodd ar un o'i ddalennau:

> Melys edrych ar yr Album
> Eto mewn blynyddau ddaw.
> Gwelid ysgrif llawer cyfaill
> Sydd rhy bell i ysgwyd llaw.
> Cofio'r hen amseroedd dedwydd
> Dreuliwyd yn yr amser gynt,
> Hen atgoflon melus leunctyd
> Eto'n sibrwd yn y gwynt.

Cartref fy mam oedd Llwyn-brain. Dod iddo i fyw – efallai'n anfoddog – a wnaeth fy nhad, dod at Margaret ei wraig (Peg iddo fe, ac iddo fe'n unig) ac at Anti Marged. Brodor o Ystradgynlais oedd ef. Fe'i maged ar stad dai cyngor dra sylweddol Lluest, yr hynaf o saith blentyn – chwe mab ac un ferch – Michael Mark a Katherine Morgan. Prin ddeunaw oedd Micel a Katie pan aned fy nhad. Yr oeddynt yn ddigon ifanc i genhedlu teulu cymharol fawr ymhell cyn iddynt gyrraedd canol eu tridegau, ac yn eu henaint cynnar yr oeddynt yn ddigon da'u byd i fod yn weddol swanc. Nid âi'r un haf heibio heb i fy nhad-cu wisgo cot ysgafn olau, crys lliw, bow-tei a het wellt; ac yr oedd ganddo ffon-gerdded â phig arian iddi. Yn yr un modd, hyd at ei deg a thrigeiniau yr oedd Mam-gu, er iddi feichiogi ar saith o blant, yn siapus smart, ac yn gwisgo'n ffasiynol bert. Yn eu tŷ cyngor glanwaith yn y Gurnos mwynhâi ef yn ofnadwy ei rosynnau yn yr ardd ffrynt a'i bibellau baco ar yr aelwyd, a mwynhâi hi ei llymaid o sieri a'i hambell sigarét. Mi gofiaf hyd y dydd heddiw y syndod a gefais pan welais hi'n smocio'r tro cyntaf. Yn nhŷ rhieni Rita, gwraig Jack, y trydydd o'r meibion, un noson o haf yn Aber-craf, y digwyddodd hynny, a minnau'n treulio gwyliau byr gyda Mam-gu a Nhad-cu. Yr oedd Mam-gu a mam Rita a Rita'i hun yn smocio. Bu'r piwritan pitw ynof yn amheus o ryddfeddyliaeth y rhan uchel honno o Gwm Tawe am flynyddoedd lawer ar ôl hynny. Yr oeddwn yn biwritan pitw er na wyddwn hynny. Yr unig freuddwyd a gofiaf o'm bachgendod yw'r freuddwyd am Mam yn trio pâr ar ôl pâr o glustdlysau yn y parlwr gartref, amdani'n *mwynhau* trio'r naill bâr ar ôl y llall, a minnau ar y grisiau gyferbyn â drws y parlwr yn erfyn arni i beidio. Rhaid bod clustdlysau yn symbolau o anfoesoldeb imi'n gynnar. Ni wisgai Mam mohonynt, ond fe wisgai Mam-gu rai. Smociai fy nhad fel ei fam, ond yn amlach o lawer na'i fam, Player's fel arfer, a phacedi o Churchman's ar Nadolig, cyn mynd ati'n ddiweddarach i rowlio'i sigarennau ei hun weithiau; ond yr oedd ei frodyr, ac eithrio Jack, a gydysmygai gyda Rita, yn ddi-fwg.

Os oedd y smocio'n syndod imi, pleser y gwyliau byr hwnnw oedd bwyta hufen iâ yng nghaffi Cresci gerllaw afon Tawe heb fod ymhell o sgwâr Ystradgynlais, a'r pleser anghyffredin oedd cael ei fwyta nid rhwng weffar neu o gornet eithr o ddesgyl wydr gyda llwy. Rhaid taw nos Iau oedd noson y mwg, achos cofiaf yn iawn taw bore dydd Gwener oedd bore'r hufen iâ, bore'r siopa wythnosol i Mam-gu. I Mam-gu a'i chyfeilles fawr (yn y ddau ystyr), Anti Lucy. Tua diwedd ei hoes, yr oedd gan fy mam, yn rhagfarnllyd tost, ei syniad ei hun am berthynas y ddwy, ond amheuaf ei bod ymhell bell o'i lle.

Efallai fod y swancrwydd y cyfeiriais ato yn rhan o etifeddiaeth fy nhad-cu. Mab John Morgan, glöwr ym Mhwll Ynyscedwyn, ydoedd, a than ddaear yn Ynyscedwyn y bu ef hefyd yn gweithio drwy'i yrfa. Ond yr oedd brodyr i John Morgan yn y weinidogaeth gyda'r Annibynwyr pan oedd y weinidogaeth yn werthfawr ac at hynny yn talu. Y brawd agosaf at fy hen dad-cu, yn ddaearyddol ac o ran brawdoliaeth, oedd W. Moelfryn Morgan, gweinidog Sardis, Ystradgynlais am flynyddoedd lawer, a Grovesend, heb fod ymhell o Abertawe, am rai blynyddoedd wedyn. Enwyd y pedwerydd o frodyr fy nhad ar ei ôl, ond ar hyd ei oes faith Moi nid Moelfryn a fu i bawb a phopeth ond tystysgrif ei eni. Yr agosaf wedyn o'r brodyr at fy hen dad-cu oedd D. Lloyd Morgan, Hope, Pontarddulais, un o'r Cymry hynny yn Oesoedd Victoria ac Edward a anrhydeddwyd yn Ddoethur mewn Diwinyddiaeth gan ryw brifysgol orgaredig onid amheus yn yr Unol Daleithiau, gradd a'i gwnaeth mor echrydus o snobyddlyd fel y sarhawyd ef yn arw gan Nicholson Bach, Porthmadog, pregethwr enwog am ei ffraethineb. Un haf, pan oedd cyfarfodydd Undeb yr Annibynwyr yn y dref honno, ac yntau'n hwyr yn cyrraedd, cafodd D. Lloyd Morgan ei gario o orsaf y rheilffordd i'r capel lle cynhelid yr oedfeuon ar gart yn cludo poteli pop, ac yn y cyd-destun hwnnw y galwodd Nicholson ef 'y botel bop fwya yng Nghymru'. Gwelir lluniau ohono, ef a Moelfryn, yn y trysor o lyfr a gefais ar ôl un o'i ferched, *Cyfrol Jiwbili Capel Mair, Llanfair Clydogau [1825–1925]*. Teuluoedd o'r cyffiniau hynny yng ngwaelod Sir Aberteifi oedd y Llwydiaid a'r Morganiaid. Yn fy llencyndod yr oedd rhai o enynnau'r Morganiaid hyn yn ceisio dylanwadu'n fewnol arnaf i hefyd i fynd i'r weinidogaeth.

Os oedd y Parchedig Ddoctor D. Lloyd Morgan yr Hope, Pontarddulais yn snob, yr oedd y ddwy o'i ferched y deuthum i'w hadnabod yn eu henaint yn wragedd hyfryd dros ben. Anti Morfudd oedd yr un y deuthum i'w hadnabod orau. Yn hwyr yn ei dyddiau priodasai gydag Emlyn Thomas, cyn-brifathro Ysgol y Betws ger Rhydaman, telynor a *raconteur* a feddai ar yr wyneb siriolaf a mwyaf bochgoch a welais erioed y tu allan i gomic. Yr oedd dedwyddwch cyfoethog Anti Morfudd ac Wncwl Emlyn yn Brooklands, y Betws, hen gartref moethus ei rieni ymadawedig ef, y peth agosaf at baradwys faterol y gallwn feddwl amdano'n grwt. Ef â'i fawr lawenydd a hi â'i hyfrydwch tawel – am ei bod yn drwm ei chlyw siaradai'n felfedaidd o ddistaw – yr oeddynt yn personoli rhyw ddelfryd ddieithr dra dra dymunol. Deuthum i'w hadnabod tua'r un pryd ag yr aeth fy nhad â mi i ymweld ag Wncwl Sam, chwedl yntau, na chlywswn sill amdano cynt, cefnder i Anti Morfudd. Trip unigryw oedd hwnnw, ar ddau fws i Gaerfyrddin ac yna ar fws arall – ni feddem ar gar – i bentref Bronwydd, curo drws rhyw dŷ yno lle lletyai Sam fel lojer, a chael mynediad i barlwr lle'r eisteddai yr hen ŵr mwyn mwyaf dandïaidd o ran pryd a gwedd a gwisg y gallech feddwl amdano, nid annhebyg i Sacheverell Sitwell ond byrrach o lawer. Y cyfan a ddywedwyd wrthyf oedd taw ef oedd dafad ddu teulu W. Moelfryn Morgan, a'i fod wedi dychwelyd i gefn gwlad Cymru o rywle pellennig. Diau fy mod yn rhy swil o ifanc i holi mwy, ac eto'n ddigon hen i hanner amgyffred ystyr yr ymadrodd 'dafad ddu'. Meddyliais droeon, yn grwt, ac am flynyddoedd wedyn, sut y cafodd fy nhad wybod bod ei ewyrth Sam ym Mronwydd a beth a'i cymhellodd i fynd i ben arall Sir Gaerfyrddin i ymweld ag ef, achos nid oedd y mwyaf cymdeithasol a llwythol o ddynion. Ar wahân i Anti Morfudd – rai blynyddoedd yn ddiweddarach, yn Brooklands y cododd angladd Sam – yr unig un arall a siaradodd â mi amdano oedd yr Athro Stephen J. Williams. Pan oedd ef a Sam yn fechgyn ysgol yn Ystradgynlais, meddai, caent wersi Groeg gan y Parchedig Moelfryn Morgan, yr hwn a roddai bishyn chwech gwyn i'r un a gyflawnai ei dasg orau a chyflymaf.

Er na allaf fod yn bendant sicr, erbyn hyn yr wyf yn lled-dybied taw Sam a gafodd lety yn Llwyn-brain un noson wleb heb i mi ei weld. Yr oedd fy chwaer a mi yn dal i gysgu gyda'n gilydd y pryd hwnnw, ac wedi hen fynd i'r gwely pan glywsom sŵn dieithr iawn lawr llawr (yr oedd drws ein hystafell wely bob amser ar agor), sŵn y meddyliem ei fod yn debyg i sŵn meddw, er nad oedd gennym brofiad o sŵn meddw, sŵn meddw gan rywun nad oeddem yn ei adnabod. Clywem Mam a Nhad yn ceisio dal pen rheswm â'r rhywun hwnnw, ac yntau'n ateb yn fyngus swnllyd. Ymhen ychydig daeth Mam lan llofft, a dweud wrthym am fynd i gysgu. Dod i gau drws ein hystafell yr oedd, mewn gwirionedd, rhag inni glywed rhagor, a gweld. Ond pwy allai gysgu a drama'n cael ei chwarae lawr llawr? Yn y man clywsom y rhywun ocheneidgar hwnnw'n cael ei hebrwng lan y stâr a'i roi i orwedd yng ngwely Mam a Nhad yn y stafell wely ar ben y grisiau. Ymhen y rhawg daethant hwy ill dau i'w gwely, a mynd i'r stafell gefn arall, a gedwid fel arfer ar gyfer ymwelwyr, er anamled y rheini. Pan godasom ni i fynd i'r ysgol fore trannoeth yr oedd drws y llofft ben-stâr ar gau'n glep. Yn naturiol, gofynasom i Mam – yr oedd Nhad eisoes wedi mynd i'w waith – a oedd rhywun yno. O glywed *bod* rhywun yno gofynasom pwy ydoedd. Nid atebodd ddim. Erbyn i ni ddod tua thref o'r ysgol y prynhawn hwnnw yr oedd y dieithryn wedi mynd. Ac ni chrybwyllwyd na'i ddyfodiad na'i fynediad fyth wedyn. Ymhen rhai wythnosau cyrhaeddodd parsel o lyfrau acw, esboniadau Beiblaidd gyda'r enw

'Morgan, Grovesend' arnynt, megis poethoffrwm gan yr anfonydd i ddau garedig a'i hymgeleddodd. Ai Sam a'u hanfonodd, tybed? A thybed ai ar ôl yr episod hwn yr aeth fy nhad a mi gydag ef i ymweld â'r ddafad ddu ym Mronwydd?

Yr wyf yn sicr na ddarllenodd fy nhad, na Mam o ran hynny, yr esboniadau. Buont ar silff yn y *boxroom* tan y gwacawyd y tŷ ar ôl ei marw hi yn 1984 (bu fy nhad farw'n hanner cant a dwy yn 1970). Fel ei dad a'i dad-cu o'i flaen buasai ef hefyd o dan ddaear. Er mor beniog ydoedd, am ei fod yr hynaf o dyaid go luosog o blant bu'n rhaid iddo adael yr ysgol yn bedair ar ddeg. Ond nid arhosodd yn y lofa'n hir. Dioddefodd gwymp – yr oedd craith las y gwymp honno ar ei dalcen weddill ei ddyddiau – a phenderfynodd fynd i weithio fel clerc mewn swyddfa. Bu'n gweithio gyda chwmni mawr o adeiladwyr mor bell i ffwrdd â Chaerdydd, John Morgan (Builders) Limited, gyda'i bencadlys yn Heol y Gadeirlan. Ac o glywed hyn a'r llall a rhoi dau a dau at ei gilydd, tybiais yn aml y byddai'n dda iawn gan ei dad petai yng Nghaerdydd o hyd. Ar gytundeb a gawsai'r cwmni hwnnw i godi rhywbeth neu'i gilydd yng Nghwmllynfell y gweithiai fy nhad pan gyfarfu â fy mam. O'i swyddfa yno âi i Siop Gynól i brynu sigaréts bob yn eilddydd, a syrthio mewn cariad gyda'r ferch landeg denau a weithiai y tu ôl i'w chownter.

Os – ac os o gadarnhad ydyw, wrth gwrs – os syrthiodd fy mam mewn cariad ag ef, nid oedd ei pherthynas gyda'i mam a'i thad yng nghyfraith yn un gariadus o gwbl. Ni chofiaf iddi erioed ymweld â nhw. Yr oedd y fam rwyddaf fu, yn afradlon o garedig a chariadus, ond os bwriai ei chas ar rywun ni wiw meddwl am ei hoffi wedyn. Nid awgrymaf ei bod yn casáu Micel a Katie, ond yn bendifaddau nis carai. Nid oeddynt hwy'n gariadus-agos tuag ati hi chwaith. A dybient mai hi a gadwodd eu mab hynaf galluog rhag dychwelyd i Gaerdydd i weithio, ac i ymddyrchafu yn rhengoedd y cwmni? A wrthododd hi symud i Gaerdydd gyda Nhad, a oedd Mam-gu a Nhad-cu o'r herwydd yn dal dig ati, ac a oedd hi'n gwybod hynny? Yn anfoddog y deuent hwy i ymweld â ni ar y Cefen hefyd. Er taw rhyw bum milltir sydd rhwng Ystradgynlais (a'r Gurnos wedyn) a Chefn-bryn-brain, esgus fy nhad-cu dros beidio ag ymweld â ni yn y gaeaf oedd fod 'trwch cot fawr o wahaniaeth' yn y tywydd rhwng y ddau le. Ymwelai fy nhad â hwy bob yn ail ddydd Sul, ac âi â fy chwaer a mi ar yn ail â'n gilydd gydag ef, gan deithio ar y bws i 7 Gyrnosfa i de ar ôl yr ysgol Sul. Hyd at ganol y pumdegau yr

oedd eu dau fab ifancaf, Tudor ac Aneurin, dau glerc
gyda'r Bwrdd Glo, yn byw gartref, ac ar ôl te ar Suliau
sychion byddent yn chwarae criced gyda mi yn
nhalcen y tŷ – rhywbeth na wnaethai fy nhad erioed,
nid yn unig am nad oedd i Lwyn-brain dalcen ond
am na hoffai chwaraeon o gwbl.

Er na fentrai fy nhad-cu i'r Cefen yn aml, daeth
Tudor ac Aneurin acw droeon pan oeddynt yn caru
gyda'r merched a ddaeth yn wragedd iddynt, Mair a
Beryl – dod ar noson waith, ac ar ôl pryd o gig oer
a salad i swper byddai pawb – fy mam, fy nhad, fy
chwaer Lynwen a mi, a'r sboner a'r wejen – yn eistedd
mewn hanner cylch o flaen yr aelwyd yn chwilio am
bynciau i siarad amdanynt. A minnau wedi priodi'n
wirion anghyfrifol o ifanc, edliwiodd Mam imi
droeon fy mod ar ôl nosweithiau fel'ny wedi dweud
na fyddwn i byth yn mynd ar *boints* i garu gyda neb,
nac yn priodi, ond y byddwn yn byw gyda fy chwaer
a'i gŵr, yn union fel yr oedd Emrys Thomas yn byw
gyda Sally Sinclair a'i gŵr Tommy yn Sunnybank.

Aem yn awr ac eilwaith i ymweld â'r brawd nesaf
at fy nhad. Wncwl Dai oedd hwnnw – David Gethin
– a briodasai gyda merch o Prospect Place, Ystalyfera,
sef Anti Thelma, ac a dadogodd ddau o blant o'r un
oedran â fy chwaer a minnau. Yr oedd eu tŷ nhw o

dan yr unto â thŷ rhieni Thelma. Mam Thelma oedd y fenyw dalaf a welais yn fy mhlentyndod erioed, a gwisgai'r sbectol fwyaf trwchus a welais yn fy mhlentyndod erioed. Y mae llawer o dai Ystalyfera, megis llawer o dai Godre'r-graig, fel petaent wedi'u torri i fewn i'r mynydd, a ulygai fod eu gerddi ar oleddf go siarp. Y peth mwyaf syn am 14 Prospect Place oedd fod to sinc y gegin waith lle'r oeddynt yn gwneud bwyd ac yn golchi llestri ac yn golchi dillad, cegin a ychwanegwyd at y tŷ cerrig, yn eithriadol o uchel, yn union fel petai un ochr iddo wedi'i sodro wrth fargod y tŷ a'r ochr arall iddo wedi'i weithio i fewn i godiad tir yr ardd. Ond gan fod i'r gegin waith honno wal gefn ni allai hynny fod. Yr oedd sŵn glaw ar y to sinc hwnnw fel caregos yn diasbedain. Nid aem lawer i dŷ Jack – *pre-fab* yn y Gurnos oedd hwnnw – efallai am nad oedd gormod o Gymraeg rhwng Mam a Rita, ond buom yno'n gweld eu merch fach Sandra yn y fframyn onglog a roddid y pryd hwnnw i blantos a ddioddefai o'r polio, clefyd y daeth drosto'n rhyfeddol.

(Hanner canrif yn ddiweddarach, a minnau'n Brifathro'r Coleg ger y Lli, pwy ddaeth i'r Neuadd Fawr i'm gweld yn arwain yr orymdaith academaidd i un o'r seremonïau graddio un haf, a chodi'i llaw arnaf gyda brwdfrydedd a balchder, pwy ond Anti Rita, yn ei saithdegau hwyr yn fywiog ddeniadol hardd o hyd. Nis gwelswn ers hanner oes, ond, a hithau ar ei gwyliau gyda chyfeilles iddi o Benparcau, gwnaeth bwynt arbennig o ddod i'm gweld i yn fy regalia.)

Fel y dywedais, yr oedd gan fy nhad a'i frodyr un chwaer, y plentyn canol o'r saith. Nancy oedd ei henw – Ann i'w thad yn wastadol – merch fer siapus, eithriadol bert yn fy marn i, a chanddi wallt cyrliog trwchus a chernau a dannedd da. Ddwywaith yn unig y cefais ymweld â hi a'i theulu, a hynny am y rheswm syml ei bod yn byw ymhell bell oddi wrthym. Y tro cyntaf imi ymweld â hi trigai yn Staines, nid nepell o Awyrborth Llundain, lle'r oedd John ei gŵr yn ddraffftsman. Yr eildro yr oedd yn byw y tu fa's i Cowes ar Ynys Wyth. Sais oedd John, Sais mwy hanfodol Seisnig nag Arthur, gŵr Eirwen, yn fy meddwl i. Dyn tal sbectolog, a chanddo ben o wallt golau tonnog, a hyder lond ei hafflau. Deuent i Gwm Tawe bob haf – gyda'r teulu yn cynyddu fel yr âi'r blynyddoedd rhagddynt. Pan oedd chwech ohonynt – ganed iddynt bedwar mab – nid oedd lle i bawb yng nghartref Tad-cu a Mam-gu, ac am ryw reswm gyda ni yr arhosai John bob gafael. Pan aethom ni fel teulu i'w cartref hwy yn Cowes, mewn pabell yn yr ardd y cysgodd fy nau gefnder hynaf a mi – ac ni hoffais bebyll fyth. Nid euthum erioed i Wersyll yr Urdd.

Rhaid nad oedd gan fy nhad-cu frawd na chwaer yn fyw. Yr oedd brawd iddo wedi'i ladd yn y Rhyfel Mawr ac ar ei ôl ef yr enwyd fy nhad yn Ewart, fel yr enwyd hwnnw ar ôl William Ewart Gladstone wrth gwrs. Ond yr oedd gan fy mam-gu chwaer a gadwai'r post yng Ngodre'r-graig, gwraig alluog, fel y gweddai i bostfeistres fod, o'r enw Sarah. Rhaid ei bod hefyd, yn wahanol i Katie, yn biwritanaidd i'w bôn, achos yr unig beth y cofiaf hi'n ei ddweud yw ei bod yn gas ganddi'r 'holl yfwch 'ma sy mewn tafarne'. Ceir *yfwch* fel enw gwrywaidd ar dudalen 3753 *Geiriadur Prifysgol Cymru*, lle'r esbonir ei fod yn golygu 'Y weithred neu'r arfer o ddiota, sesiwn yfed, meddwdod'. Nodir yno hefyd: '2og. Ar lafar yng ngorllewin Morg.' O enau Anti Sarah yn unig y clywais i ef.

Dywedais fod fy nhad wedi dod i Lwyn-brain 'efallai'n anfoddog'. Erbyn i mi gyrraedd oedran meddwl, ofnwn fod anfodlonrwydd dwfn ynddo. Yn ystod y rhan fwyaf o blentyndod Lynwen fy chwaer a mi gweithiai fel clerc yn y Tic-Toc, y ffatri watshys a godwyd gan yr Anglo-Celtic Watch Company rhwng Ystalyfera a Glanrhyd, Ystradgynlais, ac a agorwyd gan neb llai na Hugh Dalton, Canghellor y Trysorlys, yn 1947. Hi oedd y ffatri watshys fwyaf o'i bath ym Mhrydain. Cyflogai 1,420 o bobl ar un adeg, y rhan fwyaf ohonynt yn fenywod, a chynhyrchai ymhell dros filiwn o watshys bob blwyddyn. Ond i ddyn effro'i feddwl tasgau ailadroddus tost oedd tasgau clerc yn y Tic-Toc. Er diddanwch, ac yn rhannol er mwyn elw, byddai Nhad yn troi ei law at ddiddanion amgen gartref. Prynai'r *Exchange and Mart* yn rheolaidd, ac o golofnau hwnnw archebai'r pethau rhyfeddaf. Ychydig iawn o gof sydd gennyf am gael stŵr. Ond dyma un cof bach, dibwys i bawb arall. Yr oedd fy nhad wrthi'n darllen yr *Exchange and Mart* un noswaith ac ar yr un pryd yn gwrando ar Radio Luxembourg. O weld rhywbeth yn y papur a ffansïai dyma fe'n mynd ati i lunio llythyr i'w archebu, a gofynnodd i mi'r un pryd baratoi amlen stampiedig â'i enw a'i gyfeiriad arni y gallai ef ei rhoi gyda'r archeb. Dyma fi'n gwneud; ond, ow! pan estynnais hi iddo nid oedd yn fodlon o gwbl fy mod wedi rhoi Mr Ewart Lloyd Morgan arni'n llawn: yr oedd Mr E. L. Morgan yn ddigon i bawb masnachol. Er na cheryddai ei blant yn aml byddai'n beirniadu pobl eraill weithiau, a'i ymadrodd am rywun a gasâi, gwleidydd gan amlaf, oedd 'ei fod yn codi pech' arno.

Cofiaf lond bocs o deis plastig yn cyrraedd acw un diwrnod, oddi wrth ryw gwmni y gwelsai fy nhad ei gynnyrch yn yr *Exchange and Mart* wrth gwrs, ac am rai Suliau yr oedd y rhan fwyaf o ddiaconiaid y sêt fawr ym Methania, Rhosaman, lle'r addolem, yn eu gwisgo. Un tro prynodd fanjo, ac ymagweddu'n George Formby di-glem am nosweithiau. Gwahoddodd wneuthurwr wigiau acw un waith – yr oedd wedi moeli'n ifanc – ond pan glywodd Mam am yr oed canslwyd y gwahoddiad. Yr oedd cynifer o bethau diwerth-ddoniol neu ddiwerth-ddefnyddiol y tu ôl i'r soffa yn y parlwr un amser fel y dywedodd Mam wrtho mai'r unig beth mwy oedd ef ei eisiau oedd cês a thyrban – cyfeiriad, wrth gwrs, at yr ambell Indiad dieithr a ddeuai o gwmpas pentrefi'r cymoedd ar Sadyrnau i bedlera'r nwyddau a garient o fan i fan mewn siwtces.

Yr un diddordeb na wrthwynebai Mam mohono o gwbl oedd diddordeb fy nhad mewn argraffu. Nid diddordeb oedd tapo esgidiau iddo, yr hyn a wnâi'n ddechau iawn ar last drithroed, ond ymarfer anorfod yn y dyddiau hynny pan nad oedd arian i brynu esgidiau newydd pan wisgid gwadnau a sodlau'r hen rai (tan fy mod tua saith oed esgidiau hoelion a wisgwn bob dydd, ac wrth gwrs, onid

aent yn rhy fach imi, ailhoelio'r rheini nid eu tapo y
byddai Nhad). Nid diddordeb oedd gwnïo chwaith:
ef fyddai'n gwnïo botymau ar ein crysau ni'n dau am
nad oedd Mam yn dda gyda nodwydd. Ond mwynhâi
brintio, a'i fwynhau'n fawr. Yr oedd ganddo beiriant
argraffu bychan, gyda phlât crwn yn ben iddo, ffrâm
brint yn ei fola, rholiau inc, a braich i weithio'r
cyfan. Ni roddai dim byd fwy o bleser i mi gyda'r
nos na gweld fy nhad yn tynnu'r peiriant argraffu
a'r ffontiau teip allan o dan ford y pantri ac yn eu
gosod ar ben y cwbwrt yn y sgyleri. Gwyddwn fod
rhyw gwmni drama neu drefnydd cyngerdd naill ai
o Lanaman neu Odre'r-graig neu Lanbidinodyn wedi
archebu hyn a hyn o docynnau; gwyddwn y byddai
Nhad yn taclus-osod y teip – hwnnw, wrth gwrs, yn
wrthwyneb i'w ddarlleniad – yn y ffrâm bwrpasol, ac
y cawn ei ddarllen yn y drych ar wal y gegin i wneud
yn siŵr fod y geiriau wedi'u sillafu'n gywir; ac yna,
ar ôl i Nhad argraffu'r tocynnau, cawn eu hariannu
neu eu heuro gyda phowdwr mân ar bwff tebyg i'r
pwff a ddefnyddiai menywod i osod powdwr ar eu
hwynebau. Yn herwydd y diddordeb hwn, yr oedd
digon o gardiau a phapur ysgrifennu yn Llwyn-brain
bob amser. Pan redai allan o bapur, âi Nhad ar y bws
i Glydach i ofyn i gyfaill iddo, cyfaill a weithiai i'r

argraffwyr W. Walters a'i Fab, werthu peth iddo.
Yn y trêd, fe'i câi ar y cost, a bodlonai hynny ef yn
ofnadwy. Yr oeddwn i wedi mynd i'r coleg erbyn iddo
godi sied frics ar waelod yr ardd, y naill ddrws iddi'n
agor ar dŷ glo newydd a'r llall ar argraffty bychan. Am
fy mod i ffwrdd ni chefais weld fy nhad yn printio yn
hwnnw; ac ar ôl ei farw annhymig diflannodd y teip
a'r peiriant argraffu, ni wn i ble.

Bob mis Tachwedd, fel yr âi fy mam i gasglu ordors
i Siop Gynól bob dydd Iau, byddai fy nhad yn casglu
ordors am gardiau Nadolig preifat. Derbyniai drwy'r
post gatalog crand o gardiau hyfryd a warchodid bob
un gan bapur sidan, a chyda'r catalog hwnnw o dan
ei gesail âi i dai rhai cyfeillion a chydnabod gwell-eu-
byd-na'i-gilydd i holi pa gardiau a hoffent ar gyfer yr
Ŵyl, a pha eiriad a fynnent wedi'i argraffu arnynt –
nid ganddo ef ond gan ryw ffyrm o bant. Yr oedd y
cardiau a brintiai ef gartref yn Gymraeg yn amlach
nag yr oeddynt yn Saesneg, ond Saesneg yn unig a
brintiai'r ffyrm gardiau o bant. Syndod fel y prynai
gwerinwyr y gweithiau glo a'r ffatrïoedd bethau mor
ddrud!

Peth arall a wnâi oedd mynd i'r pictiwrs yn Neuadd
Les Cwmllynfell bob nos Iau – a mynd ei hunan. Nid
ymddiddorai fy mam yn y sinema. A, sut bynnag,

nos Iau oedd noson y Cwrdd Gweddi ym Methania. Tybiwn fod mynd i'r pictiwrs ar eich pen eich hunan yn ddiflas braidd, a bod mynd bob nos Iau heb ystyried pa ffilm a ddangosid yn ymylu ar ffolineb. Ond ni ddywedais hynny wrtho erioed, efallai am fy mod yn edmygu'i drefn a'i wastadrwydd amcan, ac am fy mod yn gwybod bod mynychu'r sinema yn torri ar ryw undonedd anfoddog – dyna'r gair hwn eto – yn ei fywyd.

Ymddangosai'n aml yn ddyn ar wahân. A hynny'n rhannol oherwydd bod y rhan fwyaf o ddigon o ddynion y pentref yn lowyr, naill ai ym Mrynhenllys neu'r Clinc (ys gelwid gwaith glo Cwmllynfell) neu'r Steer neu'r East Pit. Yr oedd gwaith glo bychan dros bont y rheilffordd o'r Cefen, Pwll Bach, ond ychydig iawn a weithiai yno. Er na weithiai'r glowyr oll yn yr un lofa rhannent yr un profiadau gwaith, yfent yn yr un tafarndai, yn y Boblen ar Ffordd y Bryn, Cwmllynfell, neu'r Clwb yn Ystradowen, neu yn Rhyd-wen, Rhosaman, ac ar ôl shifft ddydd casglent at ei gilydd yn eu cwrcydau wrth wal yr ysgol gynradd neu wrth sied William John, gŵr Annie May, i whilia am rygbi neu griced neu faterion y dydd. Ni pherthynai fy nhad i'w byd: ni weithiai dan ddaear, nid yfai gwrw (ni hoffai mohono), nid ymddiddorai mewn chwaraeon, ac yr oedd yn ddrwgdybus iawn o undebaeth a'r Blaid Lafur.

Ond yr oedd ganddo gyfeillion. Un a ymwelai â Llwyn-brain yn rheolaidd ar noson waith oedd Cyril John, clerc arall, dyn y daethai fy nhad i'w adnabod am eu bod yn teithio ar yr un bysiau â'i gilydd i'w gwaith. Yr ocdd Cyril John yn gloff enbyd o'i grud. Gwisgai un esgid ac iddi wadn a sowdwl llawer uwch na'r llall, ond cloffai'n ofnadwy er hynny. Gŵr gweddw a drigai gyda'i fam ar Ochr-y-waun ydoedd, un byr, tew, moel, sbectolog, a gerddai'r hanner milltir oddi yno i'n tŷ ni a thrachefn ar noson waith. Yn amlach na heb, hoffem ei weld yn dod, am ei fod mor ddifyrrus. Gallai ganu'n swynol, a gallai chwarae'r ffidil yn bur dda, fel y gwnâi yn y gerddorfa a gyfeiliai yn operâu blynyddol Vincent Thomas. Yr oedd hefyd yn un o golofnau'r achos yng Nghapel Cwmllynfell. Codai ganu ar ein haelwyd yn gwbl ddi-dderbyn-wyneb a heb feddwl ddwywaith, ac yn amlach na heb âi Mam, a feddai ar glust dda, at y piano i gyfeilio iddo. Ganddo ef y clywais rai o'r Hen Ganiadau y tro cyntaf. A cher ei fron ef yr adroddwn i, ger bron rhywun arall am y tro cyntaf, yr adroddiadau a ddysgwn gyda Tom Henry Thomas. Yr oedd fel personoliad o ddiwylliant brethyn cartref. Er, yn awr ac yn y man prynai anrhegion amrethynnaidd i fy chwaer a mi, a chofiaf yn arbennig iddo ddwyn i Lwyn-brain ambell beth dieithr iawn, megis copi o'r *Hotspur*. Yr oedd y storïau anturiaethus ac arwrol yn hwnnw yn gwbl wahanol i'r storïau stribedol cartwnaidd a geid yn y *Beano* neu'r *Dandy* a ddeuai acw'n achlysurol. Nid oedd camymddygiadau drygionus Dennis the Menace neu gamgymeriadau clogyrnaidd Desperate Dan i'w cymharu ag un stori yn yr *Hotspur* hwnnw a arhosodd gyda mi byth. Stori oedd hi am fachgen ym mherfeddwlad New South Wales, a oedd wedi arfer chwarae criced yn athrylithgar gyda darn o bren amrwd yn lle bat, yn cael bat go iawn yn ei ddwylo am y tro cyntaf, ac yn barnu bod rhyw anghydbwysedd bychan bach yn perthyn iddo. Fel petai'n gwybod yn reddfol beth oedd o'i le arno, tynnodd y bachgen y *chewing gum* a gnoai o'i geg a rhoi darn ohono'n ofalus hanner ffordd i lawr meingefn y bat. O hynny ymlaen, gyda'r ugeinfed ran o owns o'r gwm cnoi arno, yr oedd y bat yn berffaith gytbwys.

Drwy gyfeillgarwch fy mam â'i wraig, Valmai, daeth fy nhad yn gyfeillgar iawn hefyd gyda Thomas John Richards, a oedd yn gyd-berchennog ar waith glo preifat ar ochr mynydd Allt-y-grug ger Ystalyfera, ac yn gyd-berchennog hefyd ar chwarel galch ar y Mynydd Du. Yn wir, gan fod Mam a Valmai yn ffrindiau agos er eu hieuenctid, a chan fod ganddi hi a TJ ferch yr un oedran â Lynwen fy chwaer, daethom yn deuluoedd pur agos at ein gilydd. Rywdro yn 1952 dechreuodd TJ a Valmai a Bethan alw amdanom aml i brynhawn Sadwrn, a mynd â ni yn eu car am dripiau. Yr oedd gweld y Wolseley 4/44, NTG 647, yn cyrraedd y tu fa's i'n clwyd gefn ni yn addewid o grwydro ac o gyffro cyson. Aem yn aml i Aberhonddu, am fod y daith yn braf a'r dref yn ddymunol, a chyn dod tua thref caem de neu swper cynnar mewn bwyty ar fin y ffordd ym Mronllys lle ceid ham ardderchog. Aem hyd yn oed i Gaerdydd, y merched yn mynd i siopa, a Nhad a TJ a mi yn mynd i'r pictiwrs – byth i Barc yr Arfau neu Barc Ninian. A swpera wedyn yn y Café Continental ar bwys sinema'r Capitol ar Stryd y Frenhines, bwyty hardd ar y llawr cyntaf a'i ddodrefn drud yn drymion. Gan ei fod yn berchen ar ddau fusnes yr oedd digon o fodd gan TJ, ond yr oedd hi'n galed ar fy nhad ar gyflog clerc, a chofiaf ef yn dweud, wrth imi ddwyn i gof y tripiau rheini flynyddoedd yn ddiweddarach, eu bod nhw bron â'i dorri.

Y trip hirfeithaf a gawsom oedd wythnos o wyliau haf yng ngogledd Cymru, lle na buaswn i gynt. Ac ni chredaf fod fy rhieni tan hynny wedi bod ymhellach i'r gogledd nag Aberystwyth. Cysgasom y noson gyntaf mewn gwesty a fuasai'n blasty bonheddig yn Llaneurgain, yna aethom i Landudno am noson neu ddwy, ac ymlaen i Bwllheli a Harlech. Y mae lluniau'r gwyliau hynny yn tystio i lawer o chwarae ar draethau ac ymweld â chestyll: Conwy, Caernarfon, Cricieth, Harlech. Bûm am wythnos yn Llandudno gyda theulu arall yn haf 1957, ond stori arall, stori arall drist iawn, yw honno. Ar y teithiau hyn y ffurfiodd fy nhad a TJ eu cwmpni eu hunain, sef Perffaith & Gwybodus, enwau (neu ansoddeiriau yn hytrach) yr arferai'r ddwy wraig eu defnyddio amdanynt pan fyddent yn pontifficeiddio ar bethau. Dywedai Mam wrth un ohonynt yn watwarus, 'Dewch nawr, Perffaith!' a dywedai Valmai yr un mor watwarus am y llall, 'On'd yw hwn yn Wybodus?'

5

Yn un ar ddeg neu'n ddeuddeng mlwydd oed penderfynais na ddymunwn fynd yn gynffon i'r ddau bâr priod a Lynwen a Bethan mwyach. Yr oeddwn wedi magu diddordeb Sadyrnol newydd na ddibynnai ar gyfeillgarwch oedolion teuluol. Soniais gynnau am Dolly Boyce drws nesaf a oedd yn nyrs yn Abertawe. Yr oedd hi a Gillian ei chwaer ifancaf yn ferched dymunol iawn, ac yn ddeniadol iawn hefyd. Yn gynnar yn y pumdegau dechreuodd Dolly garu gyda Bryn Jones, a chwaraeai *left-half* i Swansea Town, y *sliding-tackler* gorau a greodd Duw. Ef oedd brawd hynaf Cliff Jones, yr asgellwr dewinol a aeth o Abertawe i Tottenham Hotspur yn 1958, ac a oedd yn allweddol i lwyddiant anhygoel y Spurs yn 1960–61. Pan ddeuai Dolly tua thref i weld ei mam, weithiau deuai â'i sboner newydd gyda hi. Menyw arw dymherus oedd Mrs Boyce, garw'i chroen (oherwydd ei smocio mawr, lled debyg), a garw'i thymer o ran na wyddech sut i'w chael: gallai fod yn gymdogol ymgomiol un diwrnod a thrannoeth gallai'ch anwybyddu'n bwt. Yr unig ddiwrnod y gwyddech sut yr ymddygai oedd dydd Nadolig. Cyn cinio bob bore dydd Nadolig byddai'n rhoi glasaid o whisgi ar y wal gefn rhwng Cartref a Llwyn-brain, ei roi yno gan weiddi 'Ewart' dros y clytiau, a'i adael, yn anrheg o nogyn i Nhad – na hoffai ddiod feddwol o gwbl, fel y dywedais. Er mawr ddigrifwch i ni blant, i lawr y bosh yn y sgyleri y câi'r whisgi fynd bob blwyddyn, ac yn ôl ar y wal y câi'r glàs gwag fynd. Ta beth, am fod Mrs

Boyce fel yr oedd hi, ni ddymunai Bryn, mwy na neb arall o'i fodd, aros yn ei chwmni'n hir, a phan flinai ar ei ddarpar fam yng nghyfraith byddai'n dod drwy fwlch ym mherth yr ardd i guro ar ein drws ffrynt ni. Diau iddo ddod i wybod bod stoc o'r *Exchange and Mart* acw, a rhifynnau lawer o'r *Reader's Digest*, ac ambell lyfr Saesneg rhwng cloriau caled, a gofynnai i Nhad am gael eu benthyg. Ni fyddai waeth iddo ddechrau siarad am chwaraeon gyda Mam na Nhad, a chan hynny, heblaw am gynnwys rhai o'r cylchgronau a enwais, mân siarad mân iawn a geid rhyngddynt. Ond wrth gwrs fe ddwlais i arno – arno ef yn ei berson hawddgar, ac ar yr hyn a gynrychiolai, sef byd y chwaraewr proffesiynol. Y taclwr digyfaddawd ag ydoedd, yr oedd serch hynny'n ddyn mwyn, gwastad, gwenog tu hwnt, gyda'i gorff, er yn gyhyrog, yn fain i ryfeddu, fel ei lais.

A dyma ddechrau mynd i Gae'r Vetch i wylied Swansea Town. Y tro cyntaf, mynd gyda fy ffrind gorau John Hughes a'i chwaer Mary a'i chariad Phil Owen a wneuthum. A'r tro cyntaf hwnnw gwelsom yn nhîm Doncaster Rovers y llanc ifanc o fewnwr chwith athrylithgar Alick Jeffrey, Sais y proffwydid pethau mawr amdano, a'r Gwyddel Harry Gregg yn y gôl. Enwaf y rhain yn hytrach nag Ivor Allchurch a

Johnny King, mewnwr chwith a golwr Abertawe, am fod Alick Jeffrey wedi torri'i goes yn fuan wedyn, anap a'i gorfododd, er gwyched oedd, i roi'r gorau i'r gêm yn ddeunaw mlwydd oed, ac am fod Harry Gregg, flynyddoedd yn ddiweddarach, wedi dod yn rheolwr ar y Swans. Ar ôl y tro cyntaf hwnnw John a mi yn unig a âi. Dala bws hanner awr wedi deuddeg ar waelod y Cefen, cyrraedd Abertawe obeutu deg munud i ddau, brasgamu tua'r cae, mynd i mewn gyda'r cyntaf drwy un o sticilau tro'r Bob Bank, dewis ein barryn gyferbyn â'r llinell hanner i bwyso'n cefnau arno, a disgwyl tan chwarter wedi tri i'r chwarae ddechrau. Ar ôl y gêm efallai y caem faged o tships ar y ffordd i orsaf fysiau'r Eclipse (United Welsh wedyn), a chyrhaeddem y Cefen marciau saith, mewn da bryd imi godi o Siop Dic y *Sporting Post* y byddai Wncwl Edgar yn ei archebu bob nos Sadwrn i gael canlyniadau'r rygbi yn bennaf. Ar ddalen flaen y *Post* caed adroddiad hir, hir am gêm y Swans, gan ohebydd dihafal o'r enw Bill Paton, ond yn hytrach na darllen yr adroddiad yn drefnus byddwn yn gyntaf yn sganio'r colofnau i weld sawl gwaith yr enwid Bryn Jones. Dim ond wedyn y darllenwn yr adroddiad yn drefnus fanwl.

Ar Sadwrn fel'ny, os byddai fy rhieni a Lynwen wedi mynd am dro yng nghar Thomas John a Valmai (yr oedd hi hefyd yn dreifio), awn i dŷ John am y gyda'r nos. Yr oedd yn dŷ digon pert o'r tu fa's, ond yn anniben braidd y tu fewn. Yr oedd William Gwilym ei dad a Mrs Hughes ei fam yn henach na'r cyfryw – yn wir, yr oedd gan John chwaer arall, Mattie, a oedd gryn bymtheng mlynedd yn henach nag ef – ac yr oedd William Gwilym a Mrs Hughes bob amser yn eu canol oed hen fel petaent yn llusgo cerdded hyd y cyntedd a'r gegin a'r gegin gefn, yntau'n denau wachul wargam gyda stwmpyn sigarét bob amser yn ei geg, hithau'n droetrwm gyda dŵr o gylch ei phigyrnau a phob amser yn ei sliperi, druan. Cawn groeso da yno bob amser, a swper. Ar ôl swper edrychem ar y teledu, a gwylio tan y deuai *Sports Special* Kenneth Wolstenholme i ben. Yna rhedwn tua thref, gan obeithio, wrth gyrraedd Sunnybank, y byddai golau'r gegin yn Llwyn-brain yn tystio bod Mam a Nhad gartref. Oni fyddent, awn rownd talcen Brynawelon a'm gollwng fy hun i fewn drwy'r drws ffrynt, drws na thynnid yr allwedd fyth o'i dwll clo.

Ynghyd ag esboniadau Morgan Grovesend tyfodd yn y *boxroom* bentwr go dda o raglenni gemau'r Swans, llun y Vetch yn wyrdd o'r awyr ar y ddalen flaen ynghyd ag enwau'r ddau dîm ymrafaelog a dyddiad y gêm. Yn y cornelyn chwith ar frig y tudalen y tu fewn i'r ddalen flaen yr oedd fframyn ac ynddo enwau cadeirydd y clwb, ei gyfarwyddwyr a'i swyddogion eraill. Mr Philip Holden MBE oedd y cadeirydd, ac y mae'r ffaith fy mod yn trafferthu darllen ei enw – ac yn ei gofio – yn tystio bod gennyf ddiddordeb garw mewn gweinyddiaeth a rheolaeth. Pan gliriwyd y tŷ ar ôl marw Mam doedd dim golwg o'r twr rhaglenni, mwy na ffowntiau teip fy nhad yn y sied frics yn yr ardd. Ac nid oedd neb y gallwn ei holi i ble'r aethant.

Wrth gwrs, yr oeddwn yn weddol gyfarwydd â mynd i Abertawe cyn imi fynd yno i'r Vetch. Pan oeddwn yn fachgen bach aem weithiau ar y trên o orsaf Cwmllynfell i orsaf St Thomas yn y dref, ond ar y bws yn amlach na heb am fod bysiau'n mynd yn amlach o lawer, bob ugain munud, bysus James a'r Eclipse ar yn ail. Yn yr haf cymerem y tram i'r Mwmbwls, a chamu oddi arno gyferbyn â chae chwarae Sain Helen i fynd i ymdrochi yn y môr gerllaw. Unwaith aethom lan ar fws o ganol y dref i stad dai cyngor enfawr Mayhill am fod fy mam eisiau ymweld â Gwyneth Harries, chwedl hithau, cyfoesreg iddi o'r Cefen a briodasai gyda Swansea Jack o'r enw George Rhywbeth. Yr oedd gan Gwyneth a George dair merch. At hynny, yr oedd gan George fotor-beic, a chefais fynd arno yn ei sgil, yr unig dro erioed imi fod ar gefn motor-beic.

Ac i Abertawe yr aem i brynu dillad – siwtiau dydd Sul, ta beth. Soniais gynnau am fy nhad yn prynu papur ar y cost gan gydnabod iddo a weithiai i Walters yr argraffydd yng Nghlydach. Byddai'n prynu dillad ar y cost yn Abertawe, a hynny gan gydnabod arall iddo a weithiai mewn warws ddillad ar lawr cyntaf yr adeilad lle agorwyd y Kardomah Café newydd yn ddiweddarach. Y mae gennyf gof byw ohono'n mynd i giosg teleffon yng nghanol Abertawe i ffonio'i ffrind dienw yn y warws i holi a oedd hi'n iawn inni fynd yno. Oedd. Mynd, a chael siwt ddydd Sul bob un. Aem i Abertawe bob Nadolig am fod y Tic-Toc yn trefnu ar gyfer plant y gweithwyr drip blynyddol i'r pantomeim a gynhelid yn yr hen Empire, fel y trefnai barti Nadolig yng nghantîn y gwaith. Ond y Vetch oedd cyrchfan bwysicaf Abertawe fy mhlentyndod o hewl.

Gan taw gêm i ferched oedd pêl-droed ym meddwl Edgar a'i debyg, gwgai ar fy arfer i o fynd i'r Vetch i'w gweld. Rygbi oedd ei bethau ef. Am fod Tom Emrys wedi cael ei anaf angheuol wrth chwarae'r gêm honno, efallai na bu Edgar yn chwarae rygbi erioed, ond yr oedd yn ddilynwr cyson ar dîm Cymru ac am flynyddoedd piwr ef oedd trysorydd tîm Cwmllynfell yng Nghynghrair Gorllewin Cymru. Bob prynhawn Sadwrn pan oedd Cwmllynfell neu'r ail dîm neu'r ieuenctid yn chwarae gartref byddai'n dod ag arian y gât yn ôl gydag ef i Dremle, ac ar foreau Sul treuliem hanner awr dda gyda'n gilydd yn cyfrif ac yn ailgyfrif yr arian yn barod i'w fancio drannoeth. Pan fyddai Cymru'n chwarae ar Barc yr Arfau weithiau trefnid dau fws o Gwmllynfell i fynd yno, y naill i ddynion yn unig a'r llall i fechgyn a oedd yn ddigon ifanc i fynd i'r lloc a neilltuid iddynt y tu ôl i'r pyst ar ben gorllewinol y cae. Am ei fod mor isel, lle gwael oedd y lloc hwnnw i wylied gêm ohono: ni welech mo'i phatrwm na llawer o'i symudiad y tu hwnt i'r 25 agosaf. Byddai bws y bechgyn yn gadael Caerdydd yn union ar ôl i'r gêm ddod i ben, ond arhosai bws y dynion tan *stop-tap*.

(Ymhen ychydig flynyddoedd, yn 1958, euthum i Gaerdydd ar fy mhen fy hun, i wylied Carwyn James yn chwarae un o'r ddwy gêm a gafodd i Gymru, yn erbyn Awstralia. Y peth mwyaf a gofiaf am y gêm honno yw imi sefyll ar y bancyn dwyreiniol reit ar bwys Eifion Thomas, mab Tom Henry Thomas, a oedd yn weinidog gyda'r Saeson yn Sir Frycheiniog.)

Yr oedd cwrw megis yn cyd-fynd â rygbi. Yng ngoruwchystafelloedd cefn tafarn y Boblen,

The Mountain Hare yn swyddogol, y newidiai tîm Cwmllynfell a'i wrthwynebwyr, ac oddi yno cerddent y canllath i Gae'r Bryn – a'r canllath eto'n ôl, wrth gwrs. Diau bod cwrw yn rhan o ddiwylliant y bêl-droed hefyd, ond am nad oedd fawr o lewyrch ar bêl-droed yn nhop Cwm Tawe a thop Dyffryn Aman nid oedd ei chymdeithaseg hi yn rhan o'n profiad ni. Ac eithrio am dymor neu ddau. Pan osodwyd y Tai Cownsil ar y Cefen, gosodwyd un ohonynt i Margaret a George Allcock a'u hunig fab, Allan. Menyw o Gwmllynfell oedd Margaret, a brodor o Gasnewydd oedd George, dyn a chanddo ddiddordeb mor ysol yn y bêl gron fel yr ewyllysiodd godi tîm lleol o dan yr enw Llynfell United, tîm a fabwysiadodd liwiau Newport County – ei ddewis ef, yn naturiol. Reit wrth droed gogleddol tip glo'r Clinc yn Ystradowen gwastataodd George a'i gyfeillion ddarn o gomin a'i wneud yn gae ffwtbol gyda goliau a rhwydi ym mhob pen iddo. At hynny, ar yr asgell bellaf o'r tip glo, codasant ystafelloedd newid newydd sbon. Pwy dalodd am hyn oll oedd ac y sydd yn ddirgelwch i mi. Ta beth, ni fu llewyrch ar y clwb, a daeth i ben mor ddisymwth ag y ganed ef.

Yna yn 1955 neu 1956 sefydlodd dau ddyn o Odre'r-graig gynghrair bêl-droed newydd yn ein cymoedd ni, cynghrair i fechgyn o dan un ar bymtheg oed, a phan ffurfiodd bechgyn Cefn-bryn-brain dîm i chwarae ynddi rhoddodd George Allcock y crysau a fuasai'n eiddo i Llynfell United inni. Gwir eu bod yn rhy fawr i'r rhan fwyaf ohonom, ond am rai tymhorau gwelid y Cefen Crows – am enw! P'un ohonom, tybed, a'i bathodd? – ar gaeau yng Nglanaman a Chwm-twrch, fel yng Ngwauncaegurwen a Threbanos, yn ysblennydd nodedig yn eu streipiau du a melyn. Gwnaethom ddefnydd eto o'r cae o dan y tip glo ar gyfer ein gemau cartref, a chan hynny yr oedd gennym ein hystafelloedd newid preifat ein hunain, mewn gwrthgyferbyniad â chlwb rygbi Cwmllynfell, a newidiai yn y Boblen. Bob wythnos yn ystod y tymor pêl-droed cyfarfyddai pwyllgor y Cefen Crows yn stafell gefn Siop Dic ar waelod y pentref, lle byddem yn difrifol dafoli cyfraniad pawb i'r gêm flaenorol cyn pigo tîm ar gyfer y gêm ganlynol. Yna byddai Brian Jones neu fi yn ysgrifennu'r enwau ar *team sheet* a fyddai'n cael ei gosod wedyn yn y siop ym mlaen y cwbwrt gwydr oedd gan Dilys Walters, gwraig Dic, yn dal siocledi. O feddwl yn ôl, rhaid taw rhyw grafu XI y byddem o hyd – wedi'r cyfan, poblogaeth fechan iawn oedd poblogaeth y Cefen – ond yr oedd seremoni'r pwyllgora a'r dethol a chyhoeddi'r tîm ar daflen bwrpasol ar flaen y cwbwrt siocledi yn ddefodol-ddiddorol.

I dalu am ein tocynnau bws ar ein teithiau i'r gemau oddi cartref, i dalu am beli, ac am dâl aelodaeth y tîm i drefnwyr y gynghrair, byddem yn mynd rownd tai'r Cefen yn casglu glo mân. Gan fod pob glöwr a weithiai i'r Bwrdd Glo Cenedlaethol yn cael tunelli o lo'n rhad ac am ddim bob blwyddyn, yr oedd gan y rhan fwyaf o deuluoedd y pentref fwy o lo nag oedd ei angen arnynt. Ni ddefnyddient eu glo mân. Bob yn ail nos Wener ar ôl ysgol yn y gaeaf byddai nifer ohonom, Ken Sinclair, Keri Evans, Brian Jones, Allan Allcock &c., yn mynd o gylch y pentref gyda'n whilberi yn erfyn am lo mân, ac yn ei gael. Byddem yn ei ddadlwytho'n domen o dan y darn tir glas a arweiniai at ffrynt Sunnybank, a phan fyddai'r domen yn ddigonol gwerthem hi i John Byrd arall, a drigai yn Rhosaman, yr hwn a'i gwerthai yn ei dro – ynghyd â llwythi eraill o lo mân a mawr a brynai gan eraill, bid siŵr – i waith dur Port Talbot.

O raid, gan nad oedd fy nhad yn gweithio o dan ddaear, prynu glo y byddem ni yn Llwyn-brain, glo carreg bob amser, byth lo rhwym. Jobyn a hanner oedd cario'r llwyth a ddadlwythwyd wrth y glwyd i fewn i'r tŷ glo yn y bac, gosod y cnapiau mawrion yn rhesi cytbwys lle gallem, a'r cnapiau llai ar eu pen. Bob bore Sadwrn byddai Nhad yn torri digon o lo ar gyfer holl ddyddiau'r wythnos ganlynol, yn gnapiau maint dwrn menyw, ac yn eu gosod mewn blychau yng nghanol y tŷ glo fel y gallai Mam eu cludo i'r tŷ'n ddidrafferth bcunydd. Wedi'r torri glo wythnosol shifiai'r hyn oedd yn weddill, ac yn awr ac yn y man, yn ôl yr angen, byddai'n cymysgu'r glo mwyaf mân gydag ychydig simént a dŵr i wneud pell – 'pele' oedd ein gair ni arnynt – pele a roddid ar gruglwyth o dân yn gynnar gyda'r nos i arbed rhoi rhagor o lo arno. Yr oedd defod gosod tân mor bwysig acw fel na feiddiai neb ond Mam ei dilyn. Tua phedwar y prynhawn gadawai i dân y dydd fynd yn isel isel yn y grât. Yna, am hanner awr wedi pump, ugain munud cyn i Nhad gyrraedd adref o'r Tic-Toc ar fws deg munud i chwech, byddai'n gosod cnapiau lawer ar y tân hanner marw hwnnw i'w adfywhau. Oni chynheuai'r tân yn gyflym rhoddai flower, sef shiten o ddur gyda dolen yn ei chanol, o'i flaen, fel y tynnai'r simdde'n gryfach; ac os byddai'n ormod o drafferth mynd i'r cwtsh dan stâr i ôl y blower agorai ddwy ddalen ddwbwl o *Daily Express* y diwrnod cynt a'u dal dros agoriad y grât. Ymarferiad peryglus oedd dal papur newydd wrth y tân, ond cael tân da i groesawu Nhad tua thref oedd yn bwysig i Mam, nid ei berygl. Yna, ar ôl gosod ei swper cynnar o flaen fy nhad, byddai'n gosod â'i llaw ryw ddeg neu ddeuddeg o bele yn ofalus ar ei thanllwyth atgyfodedig. Yn *ofalus*, meddaf: y mae Islwyn Williams yn defnyddio'r ansoddair hwnnw i ddisgrifio gosod tân yn un o'i straeon am bobl Ystalyfera. Ceid tân gwerth ei alw'n dân drwy gyda'r nos wedyn. Yna cyn noswylio byddai Mam yn enhuddo'r tân drwy roi cols oer arno, ac yn y bore yn ei chwythu gyda megin tan y fflamiai'n fyw unwaith eto. Rhwng trafod y glo a golchi ei golch wythnosol gyda'i dwylo, a sgrwbio lloriau, nid rhyfedd fod dwylo fy mam yn gochion ac yn arw. Byddai'n rhwbio rhyw hylif pinc o botel iddynt bob dydd i geisio'u meddalu, ond yn ofer.

6

Bryn Jones a fagodd ynof fy niléit mewn pêl-droed, Edgar Jones fy niléit mewn rygbi, a Jones arall a fagodd ynof fy niddordeb mewn criced, sef David Lewis Jones, mishtir Ysgol y Cefen. Dyma ddyn cloff arall, ond yn wahanol i Cyril John coes wneud oedd un o'i goesau ef. Er ei bod yn stiff ddi-blyg fel plancyn gallai Mr Jones redeg fel Guto Nyth Brân. Coffa da am y prynhawn hwnnw ym mis Gorffennaf 1953 pan oedd ysgolion uwchradd Rhydaman wedi cau am yr haf a'r ysgolion cynradd yn Sir Gaerfyrddin o hyd ar agor, a rhai o'r bechgyn a oedd wedi ymadael ag Ysgol y Cefen flwyddyn a dwy ynghynt yn bloeddio o'r tu hwnt i wal derfyn yr iard i geisio tarfu arnom ni ddisgyblion a geisiai wneud ein gwaith yn nosbarth Mr Jones. Ar ôl rhyw waedd waeth na'i gilydd dyma fe ma's i'r iard fel bollt a thrwy'r glwyd newydd ar Hewl yr Ysgol i redeg ar eu hôl. Y peth nesaf a welsom oedd y prifathro'n dychwelyd i'r dosbarth gyda chlust dde Alun Vaughan, brawd Mair Lewis, rhwng ei fys a'i fawd. Er ieuenged oedd Alun, nid oedd yn chwimwth, ac yr oedd Mr Jones wedi'i ddal; ond yr oedd eraill na ddaliwyd mohonynt wrth gwrs.

Yn y cwbwrt ym mhen blaen ei ddosbarth yr oedd weiarles. Bob prynhawn yn ystod tymor yr haf, am yn agos i chwarter i ddau o'r gloch, byddai'n ei rhoi ymlaen mewn da bryd i glywed y *Lunchtime Scoreboard*, sef sgoriau'r siroedd a oedd yn chwarae criced yn erbyn ei gilydd. A galwai arnom ni, ychydig fechgyn ei ddosbarth, i wrando arnynt gydag ef. Dyna sut y deuthum i wybod am Surrey a Stuart Surridge a Middlesex a Bill Edrich a Yorkshire a Johnny Wardle a'u tebyg godidog a fu'n bantheon o arwyr imi byth wedyn. Tua'r adeg hon hefyd, ymhell cyn sefydlu unrhyw Gymdeithas Rieni ac Athrawon i godi arian at anghenion ac at foethau ysgol, prynodd ddau fat criced inni, un maint 6 ag enw Leonard Hutton arno, ac un maint 5 ag enw Denis Compton arno, ac âi â ni i'r lle a elwid yn Gae'r Ysgol o dan dŷ David Isaac a Miss Rees, a'n hyfforddi mewn cricedyddiaeth.

Yr wyf yn un pur dda am ddaearyddiaeth, ond yr unig wers ddaearyddiaeth gan D. L. Jones a gofiaf yw honno lle dywedodd wrthym am edrych drwy ffenest y dosbarth i gyfeiriad Mynydd y Gwryd. Yr oedd coeden go braff ar drum y mynydd hwnnw. Ac ebe Mr Jones, 'Yn gwmws gyferbyn â'r golfen yna y mae cae criced St Helen's.' Buan y dechreuais deithio tuag yno, fel y teithiwn yn y gaeaf i'r Vetch. Ond ni chofiaf gael llawer o gwmni i fynd i weld Morgannwg yn chwarae criced. Mynd fy hunan, gyda brechdanau tomato mewn bag papur, ymuno â chwmnïoedd o ddynion a whiliai Gymraeg o dan yr hen sgorfwrdd trionglog, ac ymhyfrydu yn fy nghamp yn dod o hyd i'r difyrrwch mwyaf pleserus a ddyfeisiodd dyn. Gweld Gilbert Parkhouse yn batio mor osgeiddig; gweld Haydn Davies yn cadw wiced, a thybied taw cwrcydu cymaint y tu ôl iddi a barodd fod ganddo – yn ymddangosiadol, ta beth – grwb ar ei gefn; gweld Allan Watkins yn rhedeg i fowlio fel petai'n bêl ei hunan gan mor grwn ydoedd; a gweld Wilfred Wooller yn eu harwain oll, y teyrn nodedig ag ydoedd. Yr oedd Abertawe Sain Helen yn wahanol i Abertawe'r Vetch, yn rhannol am fod criced yn wahanol i bêl-droed, ac am fod hamdden yr hollfyd yn perthyn i'r naill a'r llall mor angenrheidiol o redegog. Ni floeddiai dilynwyr y bêl fach fel y bloeddiai preswylwyr y Bob Bank. Ac yn wahanol i'r cae pêl-droed y gwelid celloedd carchar Abertawe ohono, yr hyn a welid o Sain Helen oedd y môr mawr glas i gyfeiriad Gwlad yr Haf a thramiau deulawr trydan yn mynd yn rheolaidd gyfochr â'i lan tua'r Mwmbwls ac yn ôl.

Yr oedd tîm criced ar y Cefen am rai hafau yn y pumdegau. Ers blynyddoedd buasai Cyngor Gwledig y Chwarter Bach yn gollwng y sbwriel a gesglid gan lorïau ei *scavengers* yn y pentrefi cyfagos i lenwi'r gors oedd ar waelod y Cefen, y gors rhwng tŷ Edwards y Co-op a'r rheilffordd o'r naill gyfeiriad, a rhwng Siop Dic a'r rheilffordd o'r cyfeiriad arall. A thros y blynyddoedd yr oedd y Cyngor, drwy ymdrechion tad Brian Jones a Rita ei chwaer yn bennaf, wedi bod yn claddu'r gwastraff mewn tunelli ar dunelli o bridd a baw ac wedi gwastatáu cymaint ohono fel bod digon o le yno erbyn tua 1954 i ddiffinio cae criced. Yn wreiddiol, clwt yn unig ohono oedd yn las, ond fel yr âi'r blynyddoedd rhagddynt enillai Natur eto'i lle, ac, o roi *matting* yn wiced yn y canol, nid oedd y Banwen, ys gelwid y fan ers y Canol Oesoedd efallai, ddim yn annheilwng o'r gêm. Ar brynhawn Sadwrn yn yr haf golygfa ryfeddol oedd honno pan fyddai dynion yr oeddwn i'n gyfarwydd â nhw bob dydd yn nüwch brwnt eu dillad gwaith yn dod ynghyd i newid i'w trowsusau a'u crysau a'u siwmperi gwynion – ie, i *newid* i'w dillad gwynion, oblegid yr oedd ganddyn nhw ar y Banwen, fel y Cefen Crows ar Ystradowen, eu hystafell newid, sef oedd honno sied sinc (eto), sied sinc y dywed fy nghof wrthyf ei bod yn sied sinc goch weddol fawr. Ynddi hi hefyd y cedwid y wiced fatin, a'r stympiau, a'r bagiau a ddaliai'r batiau a'r padiau a'r peli.

John Ifor Bowen oedd trefnydd a chapten y tîm, un o dri hen lanc rhwng pymtheng ar hugain a deugain oed a drigai gyda'u mam ychydig yn uwch na'n tŷ ni, mewn tŷ nad oedd iddo ddim ond cefn am fod ei ffrynt yn perthyn i dŷ ei chwaer, Megan, gwraig William Henry. Yr oedd John Ifor yn ddyn mor grwn ag Allan Watkins ei hun. Chwaraeai Gethin ei frawd hefyd, a Raymond Evans (a chwaraeodd rygbi, beth, i Abertawe) a George Allcock, yn ogystal â dynion o'r pentrefi cymdogol. Seren y tîm oedd Sbens. Dyn o Ochr-y-waun, rhyngom ni a Chwmllynfell, oedd ef, na feddyliais erioed ofyn i neb beth oedd ei enw bedydd, yn rhannol am nad ymddangosai yn unlle ond ar y Banwen, a chan hynny am nad oedd arno angen enw llawn. Spencer, tybed? Siŵr o fod. Er na wn mo'i enw, gwn mai troellwr ydoedd, gyda rhediad byr at y wiced, a thro sydyn yn ei fysedd a oedd yn farwol i fatwyr. Uchafbwynt y tymor i ni gryts oedd y gêm flynyddol a drefnid rhwng Dynion y Cefen a Bechgyn y Cefen. Am ddyddiau bwygilydd cyn y gêm honno, megis i ymbaratoi, byddai'r bechgyn yn pigo timoedd byr – byth un ar ddeg – i chwarae yn erbyn ei gilydd ar ben y Twyn, lle'r oedd llain garegog, anwastad, beryglus iawn o ystyried y chwaraeem arni gyda phêl gorc. Yno un tro y deifiais i yn y slips i ddal pelen oddi ar fat rhywun, a tharo fy nhalcen yn erbyn talcen yr ail slip a oedd wedi deifio tuag ataf am yr un bêl. Bu gennyf ddwy lygad ddu am wythnosau wedyn. Yn fwy diniwed, byddwn yn ymarfer gyda'r unig fachgen arall a oedd wedi dwlu cymaint â fi ar griced, sef Clive, mab Megan, chwaer John Ifor, a hynny ar y llwybr a arweiniai at sied William John.

Gan ei fod yn gwneud pob math o ystumiau – 'cleme' a ddywedem – gyda'i freichiau a'i geg wrth geisio dal pêl uchel, *Catchiman* oedd y ffugenw a roddwyd i Clive. Ar ôl mynd drwy goleg aeth parth â Lloegr i ddysgu, ac fel y rhan fwyaf o'r cymeriadau sydd yn yr ymarferiad cofus hwn, ni welais bip arno wedyn. Gwelais fwy o lawer ar Wooller a Peter Walker, Peter May a Trueman, er mai ar y teledu y gwelais y ddau olaf fwyaf.

Y difyrrwch haf arall oedd oifad – ein gair ni am 'nofio'. Yr oedd baddonau nofio gwneuthuredig awyr agored ym Mrynaman ac Ystalyfera – byddem yn cael mynd i'r naill ar drip o'r ysgol gynradd yn achlysurol – ond yn afon Aman yr ymdrochem amlaf o ddigon. Ni hoffwn ddiflastod y mynd o'r ysgol i bwll nofio Brynaman, ni hoffwn ddiflastod y dadwisgo mewn ciwbicl, na diflastod y sblasho afreolus, na diflastod yr ailwisgo wedyn. At hynny, diflastod oer oedd pob un o'r diflastodau hyn. Ond am oifad yn yr afon, yr oedd honno'n antur hyfryd. Yr oedd gwaith dŵr ar gwr y Cefen, rhwng byngalo Ifor a Doris a ffarm fechan Gors-hir, sef *reservoir* ugain llath wrth ugain llath i ni ein hunain, gyda rheiliau penbigog du o'i gwmpas. O gerdded heibio i hwnnw, yr oeddem yn llythrennol ar odre'r Mynydd Du, a cheisiem gadw'n syth yn ein blaenau am ryw dri chwarter milltir neu fwy, tan y deuem at bwll a wnawd gan blant a fu'n cerdded yno genhedlaeth ynghynt. Pownd Ffald oedd enw'r pwll hwnnw, nad oedd ei ddyfnder yn berygl i neb lled ffetus. Yn blant deg a deuddeg oed treuliem ddechrau gwyliau'r haf yn atgyweirio'r arglawdd a ddaliai'r dŵr yn ôl ynddo. Yna, pan gyrhaeddem y pedair ar ddeg, cerddem hanner milltir ymhellach i fyny'r afon at bwll mwy naturiol, dyfnach o lawer, o'r enw Pownd Merched. Neidio i ddyfnder hwnnw o'r bancyn glaswyrdd a arweiniai iddo oedd y prawf ar wir nofiwr. Y chwedl yn lleol oedd iddo gael ei enw am fod merched wedi boddi ynddo ryw oes, ond ni wn a yw'r stori honno'n wir ai peidio.

7

Yr oedd rhai pobl ar y Cefen na fynychent gae rygbi na chriced (fy nhad, fel y dywedais, a Tom Drws Nesaf, y dof yn ôl ato eto), a rhai pobl na thywyllent sinemâu (fy mam, eto fel y dywedais, a David Isaac a Miss Rees, a enwais gynnau, a Catherine Aeron Villa, a oedd o bwys gwniadyddol mawr yn ein bywydau

– a dof yn ôl ati hi hefyd). Yr wyf yn galw gwraig David Isaac – David Isaac Jones a rhoi iddo ei enw llawn – yn Miss Rees am mai wrth yr enw hwnnw y cyfeiriai fy mam ati bob amser. Buasai'r wraig ffurfiol a thra chywir hon – *prim and proper* yw'r ymadrodd Saesneg – yn athrawes ar Mam yn yr ysgol gynradd yn y dauddegau. Yn wir, ddiwedd 1930, cyfrannodd at gynnwys yr albwm a gafodd Mam gan Edith y flwyddyn y bu farw Tom Emrys, a thorri'i henw ynddo fel a ganlyn:

With best wishes
K. Rees
C.B.B. CP School.
Cwmllynfell.
19:11:30

Ei chyfraniad oedd pennill gan Adam Lindsay Gordon, bardd poblogaidd o Awstralia:

Life is mostly froth and bubble,
Two things stand like stone;
Kindness in another's trouble,
Courage in your own.

Yr oedd fy mam yn bedair ar ddeg erbyn hynny, a newydd adael yr ysgol. Priododd Miss Rees yn ei chanol oed a mynd i fyw i'r tŷ sylweddol uwchlaw Cae'r Ysgol lle trigai David Isaac ei phriod newydd gyda'i fam dra oedrannus. Casglwr insiwrans oedd David Isaac. Am fod ganddo gar – Ford Prefect goleddfgefn du – a thŷ mawr, meddyliwn ei fod yn gefnog. Ac am ei fod yn cynnig ambell lifft i Mam a ninnau gael mynd i Langadog gyda nhw pan âi ef a Miss Rees i'w hen gartref hi yng nghyffiniau Llanymddyfri, gwyddem ei fod yn ystyriol a charedig. Ei angladd ef yw'r cyntaf a gofiaf: gwyliais ef yn ddigywilydd o agored o lawnt ffrynt Tremle fel petai'n ddifyrrwch, er yn ddifyrrwch trist. Pan âi Mam i lawr i dŷ Edgar ar hyd y llwybr a gysylltai Lwyn-brain a Thremle, heibio talcen yr hen dŷ bach a'r goeden lelog a'r ysgawen oedd ar waelod ein gardd ni, yn amlach na heb cyn cyrraedd Tremle byddai'n gweiddi ar Miss Rees yn ei gweddwdod i ddod am sgwrs gyda hi dros y berth. Cyfnewidient gylchgronau – *Woman's Weekly* a *John Bull* a ddeuai acw – ac ambell lyfr. Un haf daeth ei hunig nai, Richard, fab ei chwaer a'i brawd yng nghyfraith a oedd yn offeiriad ym Mhen-coed gerllaw Pen-y-bont ar Ogwr, i aros gyda hi am wythnos. Gobaith Miss Rees oedd y byddwn i'n cydchwarae ag ef. Ond am nad oedd yn siarad Cymraeg ac am nad oedd ganddo glem sut i chwarae criced, mewn ysbryd drwg iawn y cynhwysais ef, ac yr wyf yn teimlo'n euog am hynny hyd y dydd heddiw.

Yr un arall a aeth â Mam i Langadog yn ei fodur oedd Tom Drws Nesaf. Mab Richard a Mary Williams oedd ef, cefnder cyfan i Mam. Ond am ei fod yn feddwyn diserch ni hoffai Mam mohono. Yn amlach na heb treuliai brynhawn dydd Gwener tâl yn yfed, gan ddod adref yn feddw gaib. Yr oedd ei wyneb tenau'n barhaol goch gan y ddiod, ac yr oedd ei dalcen yn wythiennog fygythiol. Ffraeai ef a'i wraig mor swnllyd fel y gallem eu clywed drwy'r wal a wahanai ein cegin fyw ni a'u bathrwm nhw. Ac eto, un hwyr brynhawn ryw ddiwrnod gwaith pan oeddwn i tua deng mlwydd oed, fe dderbyniodd Mam wahoddiad Tom i fynd gydag ef dros y Mynydd Du i ymweld â'i thylwyth yn Llangadog, a hynny yn yr hen fan goch hirgwt ac anghyffordus tost y cododd Tom y garej *breeze-blocks* i'w chartrefu. Rhaid bod ei hawydd i weld Anti Bessie ac Edna a'r lleill yn drech o lawer na'i synnwyr cyffredin, achos fe wyddai'n iawn fod Tom yn aml yn mynd ganol yr wythnos Draw Wlad i yfed, yn nhafarn Tre Horshw (Three Horseshoes) yng nghyffiniau Gwynfe fel arfer. I ddyfnhau'i diffyg synnwyr, penderfynodd fynd â

Lynwen gyda hi, fel petai'n meddwl y byddai gofal ychwanegol am groten fach ddiniwed yn peri i Tom ymgadw rhag y ddiod. Bu fy nhad a mi ar binnau tan yn hwyr iawn y noson honno'n eu disgwyl tua thref. Pan ddaethant, yr oedd fy mam yn gryndodau drwyddi. Yr oedd Tom eisoes yn feddw tshwps yn eu codi o dŷ Anti Bessie, a chan nad oedd modd iddi roi gwybod i fy nhad na fynnai groesi'r Mynydd Du gyda'r fath oferyn – nid oedd gennym ni (na neb arall bron) deleffon yn y tŷ yn yr oes honno – bu'n *rhaid* iddi ddod tua thref gydag ef, a dioddef artaith o daith ar hyd y ffordd droellog enbyd rhwng Llangadog a Brynaman sy'n ddigon o brawf ar yrrwr doeth cwbl sobor liw dydd heb sôn am feddwyn llygatgul liw nos. Y mae'r neb sy'n adnabod y ffordd o Bontarllechau hyd Dro'r Derlwyn yn gwybod pa mor beryglus yw ei throadau, Tro'r Gwcw yn enwedig, un o'r troeon peryclaf yn y Deheubarth i gyd.

Y farn ar ein haelwyd ni oedd bod Tom, yr unig fab, wedi'i ddifetha. Fel y dywedais o'r blaen, ni chofiaf ei fam, ond os oedd ynddi ddimeiwerth o anian ei brawd, fy nhad-cu, yr oedd yn wraig addfwyn, garedig, grefyddol. Codwyd fy nhad-cu ac Wncwl Richard gyda'i gilydd yn ddiaconiaid ym Methania, Rhosaman: yr oedd y naill yn weddïwr cyhoeddus di-ail, a'r llall yn ysgrythurwr manwl di-ail. Ond ar ôl marw'i wraig ni thywyllodd Wncwl Richard y capel. Ac eto, bob tro yr awn i i fewn i Frynawelon, yno y byddai wrth ford y gegin, yn ei gadair bren gefnuchel, yn darllen y Beibl a oedd yn agored o'i flaen – yn darllen y Beibl fel dyn wedi penderfynu'i ynysu ei hun oddi wrth ei amgylchiadau anodd yn yr ystafell blaen ddi-raen honno a'r bywyd swnllyd aflawen a brofai'r teulu a drigai ynddi.

Nid oedd gennym ni fawr ddim moethau. Yn wir, yr oedd Mam o raid yn ofalus gyda'r arian pae a roddai fy nhad iddi bob nos Iau, a byddai'n eu trin yn ddisgybledig, yn rhoi syllau at y dreth yn y jwg a alwai'n Jwg Chwarter Bach (am mai dyna hen enw'r rhan honno o Sir Gâr a wasanaethid gan y Cyngor Dosbarth) ac yn celcio at bethau eraill mewn jygiau eraill, jygiau a gedwid mewn cwbwrt uchel yn y wal ar ochr chwith y lle tân yn y gegin. Ond er nad oedd gennym foethau, yn y pumdegau yr oedd yn y gegin acw *well-grate* â hen ganwyllbrenni pres gwerth arian arni a chadeiriau esmwyth a soffa a matiau go dda, piano, a *sideboard* ac arni gloc a blwch o gyllyll a ffyrc drudion a gawsai fy rhieni yn anrheg priodas gan Dai a Thelma nas defnyddiwyd erioed. Roedd yno hefyd fwrdd bwyta ac iddo ddwy aden a agorai, ac yn y parlwr yr oedd *three-piece* arall a *sideboard* arall, ac ar sìl y ffenest ffigyr mawr tsieina o fachgen ifanc mewn cap cyfandirol. Gwnaethai fy nhad fathrwm o'r hen bantri, a chodi pantri a sgyleri o flaen y tŷ, brics hyd yr hanner, a'r hanner uchaf a'r to o wydr. Lan llofft yr oedd cypyrddau dillad a byrddau gwisgo i fatsio a gwelyau tra esmwyth. Ac yr oedd y cypyrddau'n stocus gan ddillad: am mai siwt oedd ei iwnifform fel petai yr oedd gan fy nhad bob amser hanner dwsin ohonynt, a chrysau lawer; ac yr oedd gan fy mam ffrogiau a chotiau a chostiwms. Ond yng nghegin Brynawelon roedd llawr cerrig – fflagiau – yno o hyd, cadeiriau pren, bord wedi'i sgrwbio, a lle tân blac-led a phopty'n cael ei dwymo o'r tân. Eid i'r gegin fyw honno drwy gegin fach gefn, lle cedwid hen gwbwrt bwyd bychan ac iddo ddrws weiran, a elwid gan Dilys yn *safe*.

Dilys oedd gwraig Tom, Dilys Murray gynt, merch o Rosaman, un gref yr olwg arni, dalach na'r cyffredin, a chanddi wyneb mawr a dwylo mawr. Ganed iddynt dri o blant, dau, Meirina a Malcolm, obeutu oedran Lynwen a mi, a Gwyn, a oedd dair neu bedair blynedd yn hŷn (cyrhaeddodd pedwerydd pan oeddwn i ar fin mynd i'r ysgol ramadeg, mab a alwyd yn Wayne).

Pam nad oedd gwell graen ar Frynawelon? Ai am fod y perchennog, Richard, yn gwrthod gadael i'r genhedlaeth iau ei foderneiddio? Ai am fod Tom mor afradlon gyda'i arian fel na allaent fforddio celfi newydd a charpedi? Neu ai am nad oedd gan wraig y tŷ ddiléit ynddo? Yn sicr, nid oedd fel pawb arall. Na, y mae dweud hynny'n gam â hi. Gwraig ydoedd a ddioddefai o salwch meddwl, salwch meddwl digon drwg i'w dwyn i ysbyty'r meddwl yng Nghaerfyrddin yn achlysurol. Yr arwydd ei bod ar fin colli'i phwyll oedd y byddai'n gwisgo trowsus dyn ac yn rhoi cap â phig am ei phen. Yn aml iawn pan ddeuem ni tua thref o'r ysgol byddai Dilys yn pwyso ar fframyn drws y cefn yn clecan gyda Mam, ei hanner blaen i fewn yn y sgyleri a'i hanner ôl ma's y bac. Er bod Mam yn amlwg yn awyddus i roi'n te i ni, ac er bod ei phlant hi ei hun disgwyl eu te nhw, arhosai yno am sbel hir i siarad, fel pe na bai ar frys o gwbl i'w bwydo. Os byddai yno yn ei throwsus a'i chap pig, deuai'r cryd arnom. A'r hyn sydd waeth, gwyddem fod Mam mewn pryder hefyd.

Y pwl gwaethaf a gafodd oedd y tro hwnnw un bore Sadwrn pan oedd Cymru'n chwarae rygbi ym Murrayfield yn y prynhawn (a dim ond yn bur ddiweddar y gwelais eironi'r enw *Murrayfield*).

CEFN-BRYN. CWMLLYNFELL

F.W. HOLLOWAY

Llun o Gefn-bryn-brain a dynnwyd tua 1920, ond noder taw 'Cefn-bryn' yw'r enw gan y ffotograffydd crwydrol Mr Holloway. Yn y blynyddoedd dilynol codwyd llawer o dai eraill ar y gefnen ac ar y gwastadedd i'r chwith o'r orsaf, ac, yn y pumdegau, stad o dai cyngor ar y top

Fy mam yn ferch gyda'i thad
Tom Jones, wedi claddu'i mam

Tonwen gyda Lynwen a mi:
bu hi farw'n ddwy a hanner oed

SWANSEA 6 AM 12 JUN 1928 GLAM.

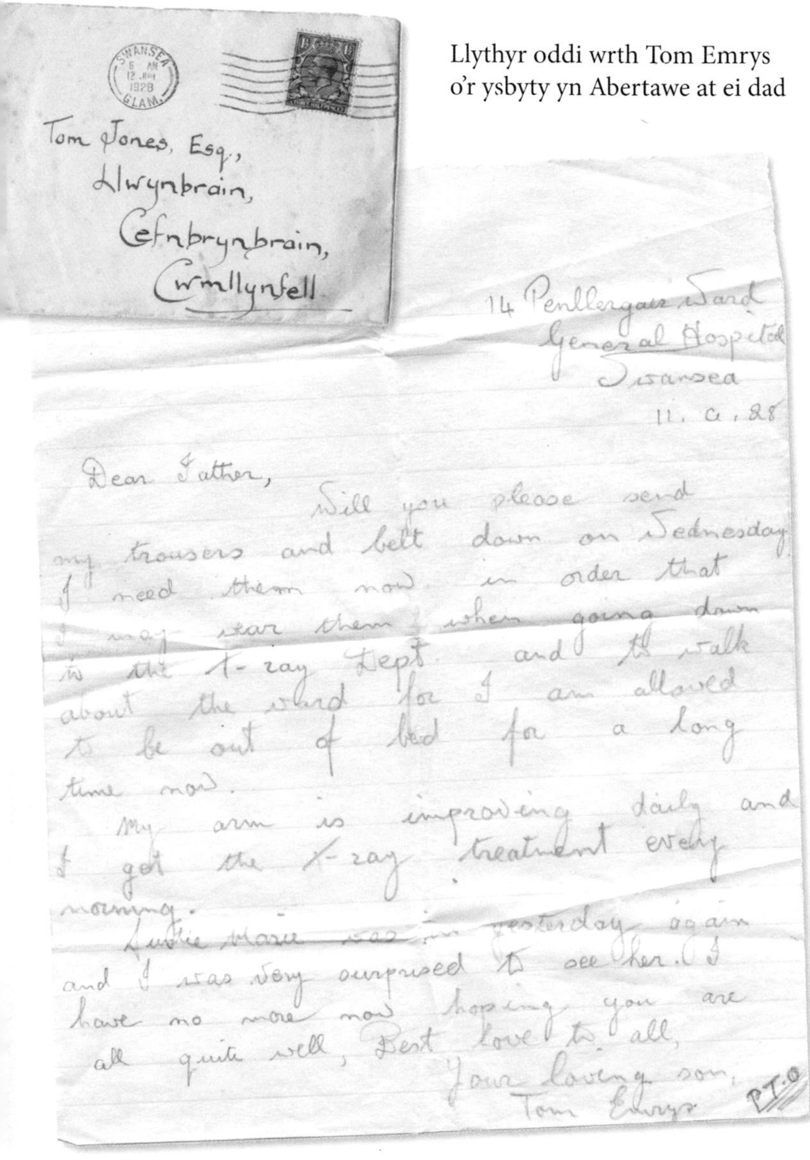

Tom Jones, Esq.,
Llwynbrain,
Cefnbrynbrain,
Cwmllynfell

14 Penllergaer Ward
General Hospital
Swansea
11. 6. 28

Dear Father,
Will you please send my trousers and belt down on Wednesday. I need them now in order that I may wear them when going down to the X-ray Dept. and to walk about the ward for I am allowed to be out of bed for a long time now.
My arm is improving daily and I get the X-ray treatment every morning.
Auntie Marie was in yesterday again and I was very surprised to see her. I have no more now hoping you are all quite well, Best love to all,
Your loving son,
Tom Emrys
P.T.O.

Llythyr oddi wrth Tom Emrys o'r ysbyty yn Abertawe at ei dad

Llanorda Post Office
Sept 22nd 28

Dear Margaret.

I have just heard of your sad Trouble of loosing your Son. who was 19 years old It is really very sad

Mrs Jones
Llwyn braen
Cefn Bryn Briar
Cwm Llynfell

Llythyr cydymdeimlad
ar ôl marw Tom Emrys

2

Please give my Sympathy to your Husband & yourself in your great sorrow & such a clever boy to. but they are not our's always to keep. we only have them. for a certain time then we all meet. again. there you will both meet him. kindregabs
R Davies

Dalennau o lyfr llofnodion a roddwyd i fy mam yn anrheg Nadolig yn 1929 gan Edith, cariad ei brawd Tom Emrys a fu farw'n 19 oed ym Medi 1928

Y goreuon o ddymuniadau,
am Nadolig 1929.   Edith

Cofia

Os am lwyddiant a llawenydd
Os am ennill parch a bri
Rhaid i ti fynd at y mynydd
Ni ddaw'r mynydd atat ti

Cofion Cynnes
Oddiwrth Irene

Melys edrych yn yr Album.
Eto mewn blynyddau ddaw.
Gwelid ysgrif llawer Cyfaill
Sydd rhy bell i ysgwyd llaw
Cofio'r hen amseroedd dedwydd
Dreuliwyd yn yr amser gynt
Hen atgofion melus ieunctyd
Eto'n sibrwd yn y gwynt

Cofion Cynnes
Katie

Diwedd hen geffyl i'w fynd i'w gogs,
Diwedd shôn shors cael eu grogi.
Diwedd pren pwdwr iw mynd i'r tân
Diwedd merch lân i'w phriodi.

Tri pheth sydd anhawdd hynod.
Byw'n sobr lle bo diod.
Adnabod merch ievanc wrth ei gwen,
A thwyllo hen frythyllod.
waith pwy.

Llun o gast rhyw gantata neu gân actol a lwyfannwyd ym Merea,
Cefn-bryn-brain, y festri sinc, rywdro yn niwedd dauddegau'r ugeinfed ganrif

Dosbarth y gwragedd yn ysgol Sul Berea yn y 50au cynnar.
Ar eu traed: Annie May Griffiths, Rhianydd Thomas, Hannah a
Morfudd Williams, Mrs Francis, Mam, Margaret Allcock, Doris Jones.
Yn eistedd: Megan Williams, Tom Henry Thomas a Catherine Jones Aeron Villa

Fy mam ac Edgar ei brawd

Fy mam a'i chyfeillion ar risiau'r
Angel yn nhir y castell, Aberystwyth

y mam, Edna ci chyfnither a Delyth ei ffrind gorau yn cerdded y prom yn
.berystwyth rywdro yn niwedd y tridegau gydag Eurfyl Morgan ac un
rall anadnabyddus. Wele dalcen yr Hen Goleg y tu ôl iddynt

Teulu Siop Gynól, Cwmllynfell: Mrs William Jones, gweddw ei sefydlydd,
William ei hŵyr, Mrs Powell ei merch, Llew Davies ei mab yng nghyfraith,
Mary ei hwyres, a Mrs Gwennie Davies ei merch arall

Mam yn siapus ifanc ar ben rhyw
do ac ar ben y byd, gydag
esgidiau a handbag go grand

Mam yn ifanc mewn dillad crand era

Fy nhad a'i labedi llydain a'i gadwyn
watch ym mhoced dde ei drowsus,
o flaen ei gartref, 91 Lluest, Ystradgynlais

Fy chwaer a mi mewn ffotograff ffurfiol
a dynnwyd yn stiwdio Mr Davies yn Ystradgynlais

Mam a Nhad a minnau yn ei freichiau o flaen perth
Sunnybank, gyferbyn â chefn Llwyn-brain

Dosbarth y Babanod, a Miss Mary Thomas yn athrawes arnom

Rhes dop: Gerald Lewis, Arwel Morgan, Clive Williams, Dai Morris, Malcolm Williams, Brian Francis a mi.

Rhes y merched: Meirina Williams, Judith Walters, Lynwen fy chwaer, Muriel Edwards,

Beatrice Richards, Annie May Jones. Ar y llawr: Gwynallt Davies, John Hughes a Keith Jones

Y Dosbarth Canol, dosbarth Miss Annie Davies

Rhes gefn: John, Dai, Clive, Gareth Jones, Michael Cronin, Keith.

Y rhes ganol: Beatrice, Mair Lyn Jones, Arwel Morgan, Isaac Jones, Brian [Francis], Brian Harries, y fi, a Gerald.

Y rhes flaen: Rosemary --- , Lynwen, Beth Barnett, Judith, Muriel, Annie May, Meirina a Gwynallt

Ar drip Ysgol Sul arall. Lynwen yng nghôl Cyril John, minnau wrth eu hochr, a Mam y tu cefn inni

Fy chwaer a minnau - ai ar un o furiau'r gweithfeydd dŵr mawr o gwmpas Rhaeadr Gwy?

Mam a ninnau ar drip Ysgol Sul arall eto fyth. Noder y *badge* siap coron ar fy llabed, a wnawd gartref dan gyfarwyddyd fy nhad

Trip Ysgol Sul Bethania ar y traeth yn Aberystwyth: y fi, Philip Hicks, Lyn Rees, Michael Hicks, ac Alan Pedrick yn y blaen. Gwesty'r Belle Vue sydd y tu cefn inni

Lynwen a mi yn eistedd ar risiau'r Angel yn nhir y castell yn Aberystwyth. Noder y *binoculars*: ni chofiaf pryd y'i cefais

Nancy, unig chwaer fy nhad

Teulu Anti Nancy yn ymweld â ni yn Llwyn-brain: Michael a Peter a
Huw yw'r bechgyn; yr oedd un, Simon, eto i ddod. Y mae Mam yn e
phiner wrth y drws ffrynt, yn gafael yn Rhianydd, merch John Aneuri
a Freda a drigai ar y pryd mewn *apartments* yn Sunnybanl

Bethan Richards sydd ar fy neheulaw, a Lynwen fy chwaer ar y chwith imi. Tynnwyd y llun ryw brynhawn Sul, lled debyg, pan oedd Bethan acw ar de

y chwaer a mi ar feic Anti Lou ym Mlaen-y-bont Twrch, Pumsaint. Ai dyma'r tro y bu'n rhaid imi ddychwelyd tua thref ar y bws ym mlwmers Anti Lou?

Social yng nghapel Bethania, Rhosaman: swper Gŵyl Ddewi oedd hwn, gyda'r Parchedig Jacob Davies (ar y dde eithaf) yn ŵr gwadd. Y bardd Emlyn Aman sydd ar ei ysgwydd dde.

Yr oedd sgrechfeydd erchyll yn dod o drws nesaf,
a sŵn Meirina a Malcolm yn llefain, a Tom, fel yr
oedd Tom, ag alcohol y noson gynt yn llif y gwaed yn
ei wythiennau. Diau bod Wncwl Richard uwchben
Llyfr Eseia neu rywun. Dyma Nhad yn mynd yno
i weld beth oedd hyd a lled y drwg, ac i weld a allai
helpu. Y peth nesaf a welsom oedd fy nhad yn rhedeg
oddi yno a Dilys, fel dyn cryf, yn ei throwsus a'i chap,
yn ei gwrso gyda chyllell fara'n ei llaw, gan tygwth
ei ladd am ei fod yn ymyrraeth â'u pethau nhw. Dal
i redeg a wnaeth fy nhad, lawr i waelod y Cefen i
giosg y teleffon a safai gyferbyn â wal isaf yr ysgol i
ffonio am feddyg. Nid unwaith na dwy y bu Dilys yng
Nghaerfyrddin, ond yr oedd y triniaethau yn ei dofi
am gyfnodau go dda ar ôl iddi fod yno.

Ni raid dweud mai anaml iawn yr âi neb ohonom
i'r naill ddrws nesaf na'r llall, nac i Frynawelon nac
i dŷ Mrs Boyce. Ond cofiaf Mam yn dweud i Nhad
gael ei alw i dŷ Mrs Boyce pan syrthiodd Jack Boyce
ei gŵr yn farw'n sydyn, a'u bod wedi cael y drafferth
ryfeddaf i godi'i gorff trwm. O'r tai ar ein hewl ni,
i Aeron Villa, tŷ Catherine, yr âi Mam amlaf, y
drws nesaf ond un i ni heibio i gartref Mrs Boyce.
Ac eto nid i dŷ *Catherine* nac i *dŷ* Catherine yr âi.
Tŷ ei rhieni Harry Jones a'i wraig Anti Annie oedd

y tŷ, a chan mor barticlar oedd Anti Annie ynghylch glanweithdra ni châi odid neb a gerddai'r hewl frwnt honno fynd ymhellach na charreg y drws cefn, neb ond gweinidog Capel Cwmllynfell, y Parchedig John Roberts Thomas (cyn iddo ymadael am swydd athro rywle yn Lloegr o dan gwmwl rhyw sgandal nad euthum erioed i'w gwaelod), a'r Parchedig Gwynfryn Jones ar ei ôl. Na, yr wyf yn dweud celwydd. Fe gâi un arall fynd dros y rhiniog, sef merch ifanc o Lundain a fuasai'n blentyn cadw yn Aeron Villa yn ystod y rhyfel, efaciwî a ddychwelai yno bob haf am rai hafau, Wendy, merch y byddai Mam wrth ei bodd yn sylwi ar y newidiaeth flynyddol ynddi.

Yr oedd gan Catherine sied wnïo bren yn nhalcen Aeron Villa, sied glyd ac aroglau'r stof baraffîn a'i cynhesai yn ei llenwi'n gyffuriol bron. I honno yr âi Mam yn aml iawn gan wybod bod Catherine yno brynhawn a nos. Hen ferch oedd hi, neu, yn iaith fy mam, merch weddw, yn cadw tendans ar ei rhieni lled oedrannus a'i brodyr, Willie Aeron ac Eddie – o leiaf tan i Willie Aeron briodi gydag Annie Samuel a mynd i fyw i waelod y Cefen. Buasai Annie am ddwy flynedd yn gorwedd yn sanatoriwm Llangwyfan bell, a byddai Edgar yn mynd i'w gweld weithiau, yn gwmni i Willie Aeron yn ei gar. Fel eu tad o'u blaen, glowyr oedd y brodyr, bob amser ar shifftiau dydd. Rhyfedd fel y mae doniau technennig mewn teuluoedd. Fel yr oedd gan Catherine ddawn ryfeddol at wneud a thrwsio ac altro dillad, yr oedd gan Eddie ddawn aruthrol i drin ceir, yr hyn a wnâi yn y garej a godasai ar waelod cu gardd hir, garej a fyddai, fel sied wnïo'i chwaer, ar agor bob diwetydd tan yn hwyr. Yr oedd cysur cwmnïaeth yn y ddau le, a chrefft, fel y dywedais, ac, ar adegau drwg ym Mrynawelon, noddfa. Garej Eddie oedd cyrchfan llawer o ddynion y Cefen gyda'r nos, a byddwn i'n meddwl fy mod yn cael fy nerbyn i gyfrinfa go arbennig pan gawn fy nghynnwys ynddi yn sgil Wncwl Edgar.

Ond yng nghanol y pumdegau digwyddodd yr un peth yn Aeron Villa ac ym Mrynawelon. Cododd y ddau deulu bob o ystafell allan. Ar ôl dymchwel y tŷ glo sylweddol a safai ar ochr dde buarth Aeron Villa, yn ei le cododd Harry Jones ac Eddie gegin fyw newydd fel na fyddai raid i Catherine – yr oedd ei mam wedi marw erbyn hynny – na choginio na golchi na smwddio yng nghynteddau'r prif dŷ. Buasai tri chwarter poblogaeth y byd yn falch o gael y gegin newydd honno yn gartref. Yn y ffrynt, yn eu gardd, y cododd Tom a Dilys eu hystafell nhw, o'r un math o *breeze-blocks* ag a wnaethai fodurdy yn lle stabal iddynt gynt, adeilad sgwâr salw a pheipen yn lle simdde yn codi o'i do gwastad asbestos. Yr enw a roesant arno oedd y *building*. Os anhardd eu gardd gynt, oblegid y *building* yr oedd yn anharddach o lawer yn awr, ac at hynny anharddai'r olygfa o ffrynt Llwyn-brain. Gwelem dri thip glo – tipiau'r Clinc, y Steer a'r East Pit, tri o byramidiau Gwenallt – o'r ffrynt hwnnw, ond yr oedd y *building* yn hyllach na'r tri o lawer iawn iawn.

8

Yr wyf wedi sôn llawer am siediau sinc. Yr adeilad sinc mwyaf ar y Cefen oedd Festri Berea, y gangen ifancaf o holl ganghennau Capel Annibynnol hanesyddol Cwmllynfell. Un o 'bethels in corrugated iron' J. B. Priestley oedd Berea. Ni wn pam nad ymaelododd fy nhad-cu yn eglwys enwog a hynafol Cwmllynfell pan ddaeth i Gefn-bryn-brain i fyw. Yr oedd ei haelodaeth siŵr o fod bedair gwaith yr aelodaeth yng Nghapel Bethania, Rhosaman, nad oedd yn wreiddiol ond cangen fechan o Gibea, Brynaman. Nid ordeiniodd eglwys Bethania ei gweinidog ei hun tan 1908, ond gellir olrhain hanes Cwmllynfell i 1689.

Tua'r un faint o ffordd sydd o Lwyn-brain at y naill
a'r llall, cwta filltir. Efallai taw dymuniad fy nhad-cu
oedd cefnogi'r achos bychan yn Rhosaman er mwyn
ei gryfhau. Dau gan llath a hanner oedd o Lwyn-
brain i Ferea. Pan oeddwn i'n grwt, er y gofynnid i
bregethwr cyrddau mawr Cwmllynfell bregethu un
bregeth yno, ni chynhelid oedfeuon pregethu'r Sul
yno, na chwrdd gweddi noson waith. Yr unig beth a
geid yno'n rheolaidd oedd ysgol Sul, a chofiaf gwrdd
diolchgarwch neu ddau. Yn yr ysgol Sul llywyddai
Tom Henry Thomas ar ddosbarth o fenywod, ond
mwyaf cywilydd imi ni chofiaf pwy a'n hyfforddai
ni blant. Ar i waered yr oedd pethau, heb os. Yn y
ceseidiau lu o luniau a gefais ar ôl fy mam y mae llun
ffotograff a dynnwyd o flaen Berea, llun o ryw bedwar
ugain a rhagor o blant a phobl ifanc Cefn-bryn-brain
a fu'n actio rhyw gantata yno yn y dauddegau hwyr
neu'r tridegau cynnar, oll mewn gwisgoedd theatrig.
Yr adeg honno rhaid fod yr addoldy'n llwyddo i
ddenu'r rhan fwyaf o'r pentrefwyr y codwyd ef
ar eu cyfer. Ac yn eu denu cystal fel yr oedd yno
fodd i brynu set helaeth o lestri te *Gladstone china*
gwyn gyda'r enw 'Berea, Cefn' mewn rhuban glas
ar y cwpanau eurfin a'r soseri a'r platiau. Ugain
mlynedd yn ddiweddarach nid oedd graen ar y paent

brownbiws a oedd i fod i warchod wynepryd sinc Berea, yr oedd fframiau ei ffenestri'n friw, ac ychydig iawn iawn a fynychai'r ychydig oedfeuon a gynhelid yno. Un o'r cynulleidfaoedd olaf a gofiaf yno oedd y gynulleidfa o blant yr ysgol gynradd a phwy bynnag arall ar y Cefen a ddymunai weld coroni Elizabeth yr Ail. Yr ail o Fehefin 1953 llogwyd set deledu a'i gosod ar ford go uchel ar y llwyfan oedd yno, ac eisteddai pawb i'w gwylied. Ond gan mor fychan oedd sgriniau setiau teledu'r cyfnod hwnnw, prin fod fawr o neb wedi gweld odid ddim o'r seremoni na'i sêr yn fanwl.

Gan nad oedd capel iawn ar y Cefen – nac eglwys, wrth reswm: pentref diweddar iawn ei dwf ydoedd, fel y dywedais ar y dechrau – yr oedd yn rhaid i'w drigolion, os mynnent addoli mewn addoldy go iawn, fynd naill ai i Rosaman neu i Gwmllynfell. Ac i Gwmllynfell yr âi'r mwyafrif. Nid bod y mwyafrif hwnnw'n niferus. Bron na allaf eu henwi i gyd: Mrs Lewis (mam Alun Vaughan a Mair, y wraig o Lanwrda y cyfeiriais ati o'r blaen), Catherine, Megan Williams, Mrs Davies mam Dedrick, Tom Henry ac Anti Cassie, Gladwen a Ron, Hannah a Morfudd Williams, mam fy nghyfaill John Hughes yn achlysurol iawn, a mam Nyrs Oliver ar dro. Âi rhai i Eglwys y Santes Fargaret uwchlaw afon Llynfell ar y ffordd i Ystradowen (yr oedd yr adeilad yn Sir Gaerfyrddin er mai plwyf ym Morgannwg y codwyd hi i'w wasanaethu). I'r fan honno yr âi teulu Dic Walters (ond gan ei bod yn gweithio yn y siop tships hyd at un ar ddeg bob nos Sadwrn prin yr âi Dilys y fam i oedfa'r bore), ac i'r fan honno yr âi Miss Rees. Ac y mae rhywbeth yn dweud wrthyf taw i'r eglwys yr âi Beatrice Richards, merch/ chwaer Elizabeth Richards. Yr oedd Beatrice yn ferch dew iawn, ac Elizabeth ei mam neu ei chwaer – ni wyddem yn union p'un – oedd yr unig un yn y pentref a chanddi lygad gwydr. Ys truan â'r ddwy. Os oedd – ac yr oedd – cocynnau hitio gennym ni'n blant, Beatrice dew ac Elizabeth wydrog oedd y mwyaf o'r rheini. Erbyn hyn mawr obeithiaf iddynt gael rhyw gysur yng nghysegr yr eglwys, fel y caent yn Tewkesbury, lle'r aent bob haf ar eu gwyliau at berthnasau iddynt. Brol flynyddol Beatrice am y trip hwnnw oedd man cychwyn diddordeb daearyddol rhai ohonom yn nhrefi gwâr de Lloegr.

Ond i ddychwelyd at ein haddoldai. Ychydig a âi i gapel bach y Methodistiaid ym Mrynllynfell: Vincent Thomas a'i deulu, eto fel y dywedais eisoes, a John Cotia, a symudodd o'r mynydd i lawr i'r pentref pan briododd, a symud i fyw drws nesaf ond un i'r Richardsiaid. Hyd y cofiaf, nid oedd neb o bobl y Cefen yn aelodau gyda'r Bedyddwyr prin a grynhoai i addoli yn yr ystafell o gapel – capel sinc arall – a godwyd yng Nghwmllynfell nid nepell o orsaf yr heddlu, lle bu'r actores enwog Siân Phillips yn byw'n groten cyn i'w thad gael ei drosglwyddo i Wauncaegurwen.

Yr oedd Dilys Drws Nesaf yn aelod ym Methania, er na fynychai'r cwrdd yn aml. Yr unig rai ffyddlon yno o'r Cefen oedd ein teulu ni, Edgar (y cawn eistedd ar ei bwys pan âi i'r cwrdd nos: nid âi Anti Gwen ar ôl claddu Tonwen) a'r ddwy Fiss Davies, Wern House, sef Nano ac Annie. Os caf ddefnyddio fy Ffrangeg gorau, un ardderchog o *formidable* oedd Miss Annie Davies; un gartrefol ddof oedd Nano. Yr oeddynt yn chwiorydd i Minnie, mam y pregethwr a'r cynhyrchydd teledu Meurwyn Williams, ac yn chwiorydd i Horace, tad y bardd Bryan Martin Davies. Hi, Annie, oedd athrawes y dosbarth canol yn Ysgol y Cefen, y dosbarth rhwng y dosbarth babanod a ddysgid gan Miss Thomas a dosbarth y plant hynaf a ddysgid gan D. L. Jones. Gwraig awdurdodol rymus oedd hi, gwraig â'i hawdurdod yn ei safiad corffol unionsyth ac yn ei llygaid deallus sbectolog, yn ei thafod a'i thagell. Yn nyddiau Stanley Baldwin buasai'n dysgu Mam, ac yn nyddiau Clement Attlee hi oedd ein hathrawes ni. Llymder disgyblaeth a gysylltaf â hi, llymder cyfiawn disgyblaeth. Am ei bod yn mynd ar yr un bws â ni i'r ysgol Sul i Fethania ac i'r cwrdd nos – nid oedd bws cyn cinio ar y Sul a byddem yn gorfod cerdded i gwrdd y bore – yr oeddwn o'r farn y dylai Miss Davies fod yn garedicach wrthym ni nag wrth blant eraill yr ysgol. Ond na, doedd hi ddim. Os disgyblaeth, disgyblaeth. Er bod trigain mlynedd a thair er pan euthum y tro cyntaf ar nos Fawrth i bictiwrs Cwmllynfell (dechreuid y rhaglen am hanner awr wedi chwech ar nos Fawrth i geisio denu plant ysgol henach na'i gilydd yno), cofiaf o hyd y cerydd a roddodd Miss Davies imi fore drannoeth am fod 'ma's ar ben hewl marce chwarter wedi naw'. Rhaid ei bod ar ei gwyliadwriaeth yn gwylied pawb o'r plant ysgol a âi heibio ei thŷ yr adeg honno o'r nos.

Un ddistaw ddistaw, denau denau, oedd Nano ei chwaer. Hi a gadwai dŷ i'r ddwy. Byddai'n byw bob dydd yn ei barclod a'i chap dwsto, ac yn mynd o un gorchwyl i'r llall gyda chyflymdra na weddai i'w thawelwch. Er bod cegin ardderchog yn Ysgol y Cefen – Anti Cassie, mam Anti Gwen, oedd y gogyddes yno – byddai Annie Davies yn mynd tua thref i gael ei chinio bob dydd. Gan fod Wern House drws nesaf ond un i'r ysgol y mae'n wir nad oedd ganddi fawr o ffordd i fynd, ond amheuaf ei bod yn mynd am ei bod hi a Nano yn bwyta prydau braidd yn anghyffredin, bresych wedi'u berwi a seigiau gor-iachus di-datws-a-chig fel'ny.

Fel y dywedais o'r blaen, un o drigolion y Tai Cownsil oedd Mrs Lewis a fynychai Gapel Cwmllynfell yn gyson, ond un mewn lleiafrif oedd hi. Yng nghymdeithaseg y dydd, a oedd rhywbeth a barai fod y trigolion hynny'n llai crefyddgar na phreswylwyr y rhan hŷn o'r pentref? Hyd yn oed wrth ofyn y cwestiwn yr wyf yn amau fy mod yn rhagfarnllyd, achos yr oedd llwyth o'r hen bentrefwyr yn ogystal na thywyllent na chapel nac eglwys. Enwais eisoes deuluoedd yn dwyn cyfenwau estron, Onions, Cronin, Dennard. Pobl yr hen bentref oeddynt hwy, ond ni allaf eu cysylltu â thŷ o addoliad, mwy nag y gallaf gysylltu degau o Jonesiaid ac Evansiaid â'r cysegr. Y teulu hynotaf o blith y rhai a chanddynt enwau estron oedd yr Hawkers. Trigent hwy yn un o dai canol y rhes o bedwar ar Hewl yr Ysgol. Yr oedd Danny Williams y gof a'i wraig a'u merched Meinir a Bethan yn trigo mewn un tŷ pen a Bill a Mrs Dennard yn y llall. Rhyngddynt, mewn un tŷ, trigai gwraig o'r enw Mrs Davies ac Eurof ei mab yr oedd ei drwyn o hyd yn rhedeg, a thrigai'r Hawkers yn y llall. Yr oedd dwy ferch yn y teulu hwnnw. Gwn taw Margaret Rose oedd enw un. Gwn, am fod fy mam wedi dweud wrthyf fwy nag unwaith i Mrs Hawker ofyn iddi am enw i'w baban newydd-anedig pan oedd hi'n casglu ordors yno flynyddoedd lawer ynghynt, ac iddi hi'n ddychmygus awgrymu enw ail ferch y Brenin Siôr y Chwechcd. 'Dw-i'n dyfaru byth,' ebe fy mam. Anaml y gwelid neb ohonynt, ac y mae hynny'n beth syn oblegid disgwylid y byddai Margaret Rose a'i chwaer yn gorfod mynd i'r ysgol fel pob plentyn arall. Pan ddeuent i olau ddydd yr oedd golwg lwyd-dywyll ar bob un ohonynt, y tad a'r fam a'r ddwy ferch, golwg af-lân, ie, ond am eu bod yn syllu'n oer ar bawb yr oeddynt hefyd fel petaent o ysbryd sinistr ac annaearol, fel petaent wedi dod o blaned ludw na ddeallai'n daear ni na natur ei hymddygiad na'i hiaith. Ond dengys hanes fod Mam wedi'u deall unwaith. Yn sicr ddigon, nid aent hwy i unrhyw dabernacl.

Bedwar tŷ oddi wrth yr Hawkers yr oedd teulu nad oedd Eglwys y Santes Fargaret na chapeli Anghydffurfiol Cwmllynfell na Rhosaman yn ddigon diwinyddol uniongred i'w bodloni. Teulu John Evans oedd hwnnw, y dywedid ei fod yn gosod lle i Iesu Grist wrth y ford bob pryd. O'r merched, Mair, a oedd ddwy neu dair blynedd yn henach na fi, yw'r unig un a gofiaf, a'r peth a gofiaf fwyaf amdani yw na fynnai ymwneud gydag odid un o ferched eraill y Cefen. Yr oedd hi, fel ei thad a'i mam, a'i chwiorydd hŷn siŵr o fod, yn Apostolics. Byddai John Evans yn ei het gantel feddal weithiau'n pregethu ar ben hewl ar waelod y Cefen, hyd yn oed pan nad arhosai neb i wrando arno. Meddyliwn i fod ymddwyn fel'ny'n beth rhyfedd o ffôl, ond wrth gwrs y pryd hwnnw nid oedd diwinyddiaeth a'i haneirif blant, sef holl ddadleuon athrawiaethol y cyfandiroedd, ddim yn rhan o'm byd. Os rhyfeddwn ato, deuthum yn y man i hanner ei edmygu. Ymhen peth amser, o dan ei arweiniad ef, prynodd yr Apostolics ddarn o dir am y berth â thŷ Dr Jones ar waelod Ochr-y-waun ar y ffordd i fewn i Gwmllynfell, a chodi capel iddynt eu hunain arno, capel bach y mae'n wir, ond capel er hynny, a hwnnw'n gapel o frics coch nid yn gapel sinc.

Meddylier pe bai teuluoedd mawrion y Cefen yn mynychu addoldy. Y dwsin a rhagor o blant y Gwatcyniaid y soniais amdanynt o'r blaen, ac o'r tai cyngor y ddau deulu Jones a drigai drws nesaf i'w gilydd yn rhifau 23 a 24, teuluoedd Harry Jones a Cyril Jones, gyda'u hwyth o blant bob un, a rhai

ohonynt yn dwyn enwau hanesyddol iawn, Glyndŵr
(nid Glyndwr) a Gerwyn (er taw Lowcs ydoedd i
bawb) ac Isaac. Hoffwn Isaac, a'i enw, yn fawr. Hoffwn
yr enw am y rheswm hwn: pan ddywedwn i rywbeth
doethach nag oedd hawl gennyf ei ddweud yn fy oed,
byddai fy nhad yn ddi-ffael yn ymateb trwy ddweud,
'Dere'n awr, Isaac.' Hoffwn Isaac Jones ei hun am ei
fod yn fachgen mwyn eithriadol, gwahanol iawn i
ambell aelod o'i deulu lluosog, a chydymdeimlwn ag
ef am ei fod yn epileptic. O roi neb ond y Gwatcyniaid
ac aelodau'r ddau deulu Jones i gyd gyda'i gilydd yng
nghapel y Bedyddwyr, Cwmllynfell, byddai'n llawn
i'r ymylon.

(Ni wn beth a gymhellodd fy nhad i alw Isaac
arnaf. Ni chlywais neb arall yn defnyddio'r enw i
awgrymu bod ei ddeiliad yn ddoeth nac yn wybodus.
Mud hollol yw'r bachgen Isaac fab Abraham ym
mhenodau XXI a XXII o Lyfr Genesis, a byddai'n
syndod o'r mwyaf petai dywediad fel a ddefnyddiai fy
nhad yn deillio o hen gof gwerin am ddysg anhygoel
Isaac Newton y gwyddonydd mawr o Sais.)

Yr oedd pawb yn gwisgo'i ddillad gorau i fynd
i'r capel ar y Sul. Tair set o ddillad oedd gennym
ni fechgyn, dillad bob dydd, dillad diwetydd (sef
dillad i fynd ma's i chwarae ynddynt), a dillad gorau

neu ddillad dydd Sul. Ond yr oedd yn y pentref rai menywod a fyddai'n gwisgo'r hyn a oedd yn cyfateb i ddillad dydd Sul ar nosweithiau'r wythnos yn ogystal. Swanciai'r rhai a drigai ar dop y Cefen ac yn y Tai Cownsil eu ffordd i lawr at y *bus-stop* yn eithaf cynnar, fesul un, byth fesul dwy, tua hanner awr wedi chwech, a swancio yn y fath ffordd ag i beri imi yn y man, yn fy mhiwritaniaeth ochelgar, ddrwgdybio'u hamcanion. Yr oedd eu cotiau a'u hetiau'n lliwgar, cerddent mewn sodlau uchel, gwisgent bowdwr a minlliw a chlustdlysau (wrth gwrs), ac yr oedd ganddynt fagiau llaw sylweddol eu maint. Byddent weithiau'n cymryd bws i gyfeiriad Rhydaman, ac weithiau fws i gyfeiriad Ystalyfera. I beth? I gwrdd â phwy? Yr unig ateb a gefais i'm cwestiynau oedd eu bod yn mynychu *whist-drives*. Yn eu swancrwydd peraroglus? Tybed?

9

Yr oedd gennyf amcan beth oedd *whist-drive* am fod fy rhieni bob amser yn dweud iddynt gyfarfod â chyfeillion da iddynt o Langeitho mewn gyrfa chwist, a hynny amser rhyfel pan oedd fy nhad yn gwneud rhyw waith ar radar – os iawn y deellais – yn Sir Aberteifi. Yn ystod yr amser a dreuliodd yno lletyai yn Llan-non, gyda gwraig y daethom ni blant i alw Anti Davies arni yn ddiweddarach. Lletyai yno'n gyntaf fel hen lanc. Ar ôl priodi aeth â Mam gydag ef. Cofiaf fynd yno ar wyliau ddechrau'r pumdegau, y pedwar ohonom, a mwynhau crwydro'r strydoedd culion a arweiniai at yr eglwys a'r traeth, a'r gwastadedd rhwng y pentref a'r môr. Oddi yno aethom i fewn i'r wlad ac aros am rai dyddiau yn Felin-fach, cartref Bet a Thyssul Ebenezer, y ffrindiau chwist. Os oedd Felin Gwm, Llangadog fel tŷ ffarm mewn llyfr darluniau, yr oedd Felin-fach fel darganfyddiad. Yr oedd yno felin go iawn, yr oedd yno nant y troai ei dŵr olwyn bren, a diau y gallai ei cherrig o hyd falu. At hynny, cadwai Anti Bet siop, siop a oedd mor fechan fel y gellid tybio nad oedd ond yn siop chwarae-siop. Nid oedd i'w chulni ddim ond cownter ac ychydig silffoedd, na ddalient un rhan o gant o'r bwydydd a'r taffish a'r poteli pop a geid yn Siop Anti Mary ar y Cefen. Bron na ddywedwn erbyn hyn taw lle i bobydd Tregaron adael torthau i'w chymdogion oedd maelfa Anti Bet. Ond yr oedd ychydig boteli o daffish yno hefyd, a chaem eu pwyso ar dafol hen ffasiwn a ddaeth eto'n ôl i ffasiwn erbyn hyn.

Yr oedd Tyssul yn berchen ar lori anifeiliaid, a'i waith pennaf oedd gyrru gwartheg a defaid i farchnadoedd. Yr unig dro imi fynd gydag ef yn y lori oedd y tro byr i ffarm Glyn y mab. Ond yn ei gar – Ford Prefect fel David Isaac oedd ganddo – cawsom fynd mor bell â'r gweithfeydd dŵr anferthol ger Rhaeadr Gwy a Llanwddyn. Er nad oedd Llangeitho ond rhyw filltir i ffwrdd o Felin-fach ni soniodd neb wrthym am ei bwysigrwydd hanesyddol, ac ni ddywedwyd wrthym pam y codwyd y gofgolofn wen i ddyn o'r enw Daniel Rowland o flaen Capel Gwynfil.

Do, wrth grwydro fel hyn, cafodd Lynwen a fi brofi peth o gynhanes ein rhieni, a fu hefyd yn lletya gyda'i gilydd cyn i ni ddod i'r byd yn Solfa (heb yr *ch*) yn Sir Benfro. Ni chawsom ni fynd yno am fod teithio ar fysus cyhoeddus i Solfa'n rhy gymhleth, ond clywsom lawer am hyfrydwch y lle, a chlywed mwy na'r disgwyl am fod un o ferched Solfa wedi priodi gŵr o'n parthau ni ac wedi dod i fyw i'r Cefen. Mrs Edwards oedd hi, Tilly (bachigyn am Matilda), menyw gron, fechan, falch iawn o'r ffaith ei bod yn wraig i David Robert, chwedl hithau, ein cynghorydd ar Gyngor Dosbarth y Chwarter Bach, Bob i bawb arall, dyn mwstashog, cysglyd, tal, digyffro. Tybiaf nad oedd Mrs Edwards yr un mor falch o'r ffaith fod David Robert ganol

y pumdegau wedi'i symud hi a'i phlant, Grace a
Muriel, o'u tŷ preifat ar waelod y Cefen, i fyw i un
o'r Tai Cownsil y bu ef yn rhannol gyfrifol am eu
codi. Ni weddai'r cadno a wisgai am ei gwddwg na'i
chot astracan i'r stad newydd honno. Yr oedd Bob
Edwards yn un o'r bobl brin a oedd yn berchen car
yn y pumdegau. Un tro cysgodd wrth y llyw a chael
damwain ddrwg, ac ni'n cynrychiolodd yn siambar y
cyngor yn Llandeilo am beth amser ar ôl hynny.

10

Yr wyf wedi awgrymu o'r blaen nad oedd Cefn-bryn-
brain yn hunangynhaliol o gwbl. Er bod yno dair
siop, cofier taw siop eithaf bach oedd Siop Annie May
(er ei bod yn Lewis Lewis Abertawe o'i chymharu
â siop Anti Bet Felin-fach) a thaw siop tships oedd
Siop Dic, a siop pethau da yn ogystal. Ar nos Sadwrn
yr aem iddi hi, tua hanner awr wedi chwech, cyn i
brysurdeb mawr y nos ddechrau, a mynd iddi i brynu
gwerth tair ceiniog o tships, a rysol os byddem yn
lwcus. Yn nyddiau'r llyfrau dogni deuai Mam iddi
gyda ni i brynu'n dogn wythnosol o daffish. Treuliem
amser ar yr aelwyd wedyn, Mam a Nhad a Lynwen a

mi, yn rhannu'n taffish â'n gilydd. Os byddai gennyf bishyn tair yn rhodd gan rywun prynwn far o siocled Five Boys yn Siop Dic er mwyn astudio gwep y pum crwt ar y pecyn. Er taw Siop Dic oedd yr enw arni, Dilys ei wraig fyddai'n gwneud a gwerthu'r sglodion, gydag Eric y mab, cyn iddo fynd i Gyprus i ymladd yn erbyn Makarios, neu Glenda'r ferch hynaf, yn helpu weithiau. Ray, y ferch ifancaf, a eisteddai ar fy mhwys wrth yr un ddesg â mi yn nosbarth y mishtir. Ar ôl i Emrys Bryn-brain roi'r gorau i werthu llaeth, dechreuodd Dic rownd laeth, ond fan laeth, nid cart a cheffyl, oedd ganddo ef.

Byddai'n rhaid gweiddi 'Siop' o flaen tŷ Annie May i'w chael hi iddi. Hobi efallai oedd y siop i Annie May. Deuai ma's o'i thŷ ar ffrwst fel pe na bai'n disgwyl gwneud busnes; yna dringai'r ychydig risiau a godai o'i buarth at ddrws cefn y siop (ie, siop sinc), a deuai drwyddi i agor drws y ffrynt i'r cwsmer. Ychydig a brynem yno. Yn Siop Anti Mary y prynem ein bara beunyddiol (a chofiaf yn dda taw Energen Rolls oedd y bara hwnnw i Mam pan fagodd ychydig o bwysau yn ei chanol oed); yno y prynem ein cig oer a'n ffrwythau hefyd; weithiau caem werth ceiniog o sherbert gan yr hen wraig, a phum sigarét flaenfflam felys am geiniog arall.

Ond yr oedd Siop Anti Mary'n fwy na siop. Yn rhan chwith yr adeilad yr oedd y siop. Ar y dde yr oedd ystafell fyw Anti Mary, un o'r ystafelloedd mwyaf anniben yn Ewrop, a Beti'n arglwyddiaethu arni. Er nad oedd Beti'n ferch i Anti Mary – merch i'w chwaer Mrs Samuel ydoedd – hi a'i magodd. Ni ellid meddwl am ddwy fwy gwahanol. Yr oedd Anti Mary'n wraig gorffol ac yn llusgo'i thraed wrth gerdded, ond yr oedd Beti fel *whippet*. Yr oedd Anti Mary'n araf yn rhannol am ei bod mor drwm a Beti'n denau fel esgynbren, mor denau fel na fagodd fronnau er ei bod ymhell yn ei hugeiniau pan own i'n astudio'i fflatrwydd. Ac os oedd Anti Mary'n dawel enillai Beti bob cystadleuaeth regi yn y De. Am fod ei hamynedd yn brin, neu efallai am na fynnai adael i'w sigarét fudlosgi yn y gegin, gwae chi os byddai'n rhaid i Beti ddod i'r siop yn lle Anti Mary. 'Beth ti'n mo'yn?' sydyn, a dyna ni. Byddai rhai o feibion Francis y pobydd o Frynaman yn cario torthau a chacennau yno bob dydd, ac un o syndodau'r ddaear – i mi, ta beth – oedd bod un ohonynt, Lyn Francis, wedi ffansïo Beti, iddi hi ei garu ef, ac iddynt briodi gyda'i gilydd, a chael dwy eneth. Gan y gwyddai nad oedd ganddi'r natur angenrheidiol i weini ar bobl y tu ôl i gownter, ar ôl i Anti Mary farw, Edna, chwaer

Beti, a etifeddodd y siop. Ac aeth Mr a Mrs Lyn Francis i fyw'n ddiddan y drws nesaf i Miss Rees.

Yr oedd ystafell filiards yng nghefn Siop Anti Mary, bwrdd o'r maint iawn, rhes drefnus o ffyn biliards, a sgorfwrdd y cawn ymarfer fy rhifyddeg arno pan âi Edgar yno i chwarae gyda Cec Stephens. A'r tu fa's iddi, yn ei thalcen, yr oedd buarth go helaeth a thwlc mochyn mawr yn ei ben draw. Sgrechiadau blynyddol mochyn Anti Mary yn cael ei ladd oedd y sgrechiadau erchyllaf a glywai plant Ysgol y Cefen.

Er ein bod yn prynu cryn dipyn gan Anti Mary, o Siop Gynól yng Nghwmllynfell, fel y dywedais sbel fawr yn ôl, y caem ein nwyddau gan mwyaf. Yr unig fwyd a gaem 'oddi allan' megis oedd ambell gwningen yn rhodd – cig y casawn ei wynt heb sôn am ei flas – a'r bwyd môr a gyrhaeddai o Ben-clawdd yn fan goch y dyn-gwerthu-cocos bob yn ail ddydd Sadwrn. Y Suliau ar ôl iddo fe fod ar ei rownds rhython, neu gocos, fyddai brecwast fy rhieni. Prynent gregyn gleision hefyd, a bara lawr, y peth mwyaf amheuthun gyda chig moch wedi'i ffrio. Wrth fynd i gwt y fan honno i ofyn am 'a pound of down bread, please' a chael fy nghywiro y sylweddolais am y tro cyntaf ba mor brin oedd fy Saesneg ifanc. Wedyn ymhell y dysgais mai Cymreigiad o *laver bread* oedd 'bara lawr'.

Tybiwn weithiau taw Siop Gynól oedd canol y cyfanfyd. Gan fod fy mam wedi bod yn gweithio ynddi o'r dydd y gadawodd yr ysgol yn bedair ar ddeg tan iddi briodi'n bump ar hugain a chan ei bod wedi mynd i weithio ynddi yn rhan-amser wedyn, a chan ei bod mor gymeradwy gan bawb, yr oedd iddi le cynnes iawn yng nghalon Mrs Davies, y perchennog, ac yng nghalonnau'r teulu. A thrwyddi hi yr oedd yng nghalon Mrs Davies le cynnes iawn i ni. Yn y tridegau byddai William Jones, tad Mrs Davies a sylfaenydd y siop, yn mynd â'i deulu a'i weithwyr am wibdaith bob blwyddyn. Y mae yn fy meddiant luniau ohonynt wrth Gastell Carreg Cennen, teulu Gynól yn eu crandrwydd a Mam heb fod ymhell ar ôl, a'r car modur a'i cariodd yno hefyd yn dra moethus. Yr oedd Siop Gynól yn siop lawn dop o fwydydd o bob math, mor stocus fel y meddyliech na newynai neb yn y fro hyd yn oed petai'n rhyfel eto. Treuliai Mrs Davies – Gwennie – ei dydd gwaith yn eistedd ar gadair uchel wrth ddesg y tu ôl i gornel agosaf y cownter ar y dde, mor fatronaidd o awdurdodol, ac eto mor osgeiddig a gwenog a chroesawgar â phe bai'n frenhines yn eich derbyn i'w theyrnas. Yno ar y gadair uchel yn ei chornel y gweithiai ei llyfrau, yno y paratoai ei biliau, ac oddi yno y gofalai am ei holl archebion. Y tu ôl – weithiau y tu blaen – i'r cownter canol o dri y gwelaf Llew, ei gŵr, dyn tal tenau, gosgeiddig fel ei wraig, a barclod mawr gwyn glân yn gorchuddio'i gorff hir o'i ganol hyd at ei draed. Un o gyffiniau Abertawe oedd ef, a fu, meddai Mam, yn gweithio ar y bysus cyn priodi, ac a fu'n ddigon ffodus i gael un o ferched William Jones Gynól Stores yn wraig iddo. Yr oedd digon o awgrym yn natganiad Mam i ni feddwl bod Mrs Davies wedi priodi islaw iddi hi ei hun, achos gydag eiddo William Jones yn etifeddiaeth iddi gallasai fod wedi cael ei dewis o ddynion y ddaear. Nid y ffaith ei fod yn ddreifar bws slawer dydd oedd yr unig beth od am Llew, ond y ffaith na siaradai Gymraeg. At hynny, nid sŵn Cymro di-Gymraeg oedd ar ei Saesneg chwaith. Yn hytrach, fe'i siaradai gyda'r hyn na allaf beidio â'i alw yn feddalwch rhugl, a'i siarad megis trwy ei wyneb gwastadol wenog yn hytrach na thrwy ei geg. Os Mrs Davies oedd yr awdurdod yn y siop honno, ef oedd y weniaith.

Yr oedd William y mab, a enwyd ar ôl ei dad-cu (y mae'n amlwg), yntau'n wenog, ond nid yn ffugwaseiddiol fel ei dad. Gweithiai ef hefyd yn y siop: ef oedd â gofal y blodiach a'r bwydydd anifeiliaid yn yr adeiladau cefn, ac yn amlach na heb ef fyddai'n cario pethau o'r storws yn y cefn i'r siop ei hun. Ac fe gofiwch taw ef oedd yn dreifio'r fan a gariai'r *goods* wythnosol i bobl y fro bob dydd Gwener. Byddai yno ferch arall (yn ogystal â Mam) yn gweithio'n y siop hefyd. Yn wir, bu sawl un yn gweini yno er pan briodasai fy mam. Ond o'r dydd y gwelodd hi Sally o Gwm-twrch Uchaf y tu ôl i'r cownter dywedodd y byddai William yn siŵr o'i phriodi. Ac felly y bu. Am Mary, plentyn hynaf Llew a Mrs Davies, yn hytrach na gweithio'n y siop gartref aeth hi i nyrsio yn Llundain. Ac yn wahanol i'w mam a William, priododd rywun mwy crachaidd na hi ei hun, sef meddyg o Sais a gyfarfu yn yr ysbyty lle nyrsiai. Cofiaf hi'n dod ag ef i Lwyn-brain i'w gyflwyno i Mam. Ni chofiaf ei enw, ond er pan ddarllenodd y crwt ynof am Greta Vaughan yng *Nghysgod y Cryman* yn priodi Dr Rushmere fwy neu lai yn erbyn ei hewyllys rhoddais yr enw Rushmere ar ŵr Mary yn ogystal, er nad oes gennyf yr un mymryn o reswm dros gredu taw yn erbyn ei hewyllys y priododd Mary gydag ef, a bod ganddi ryw Garl gartref.

Trigai un wraig arall yn Siop Gynól, neu'n hytrach yn y tŷ eang dwfn a oedd ynglŷn â hi, sef Mrs Powell, chwaer Mrs Davies. I bob pwrpas, hi a ofalai am y cartref tra oedd y lleill wrth eu masnach, hi fyddai'n glanhau a golchi a smwddio, a hi a baratoai eu prydau bwyd – ddyddiau gwaith, ta beth. Gwn hynny, am imi weld Mam yn ei helpu weithiau, ac am imi fwyta wrth yr un ford â nhw'r troeon hynny. Yn wahanol iawn i'w chwaer, gwraig yn byw'n llwyd ac yn y lleddf oedd Mrs Powell, a rheswm da paham. Un diwrnod, rai blynyddoedd ynghynt, cafwyd Mr Powell ynghrog ar fachyn yn un o'r stordai yn y cefn y cyfeiriais atynt gynnau, ac o'r dydd hwnnw ni bu ei weddw'n gwbl iawn nac yn gwbl iach. Fel Dilys drws nesaf – ond am reswm cwbl wahanol – byddai'n rhaid mynd â Mrs Powell i ysbyty'r meddwl ambell waith, ond yr wyf yn tybied taw i le preifat yr eid â hi.

Oedd, yr oedd cyfoeth mawr yn Siop Gynól, a diau bod ei pherchenogion yn gyfoethog. Ond ychydig ar ôl i mi fynd i'r ysgol ramadeg penderfynasant adael Cwmllynfell a mynd i gadw gwesty yn Llundain. Gofynasant i Mam a Nhad a ddymunent brynu'r siop. Diau y *dymunent* ei phrynu – ond â beth? Nid oedd ganddynt fodd, nac ychwaith yr anturgarwch angenrheidiol i chwilio benthyciad neu forgais. At hynny, ganol y pumdegau yr oedd gweithfeydd glo'r Clinc a Brynhenllys dan fygythiad, ac economi'r ardal o ganlyniad yn dechrau simsanu. Efallai fod hynny'n un rheswm pam y penderfynodd y Davieses fudo. Buom yn aros yn eu gwesty yn Llundain fwy nag unwaith, ac am mai yno y lletyai am rai blynyddoedd pan oedd yn Nhŷ'r Cyffredin yn y pumdegau hwyr, yno y clywais am Cledwyn Hughes am y tro cyntaf. Ar un olwg, y mae'n drueni na phrynodd fy rhieni'r siop, oblegid byddai wedi adfer hen fywyd cyfarwydd i Mam ac wedi rhoi bywyd newydd i Nhad, nad oedd yn hapus wrth ei waith yn y Tic-Toc.

Ymhen dim ar ôl penderfynu na allai brynu Siop Gynôl cafodd fy nhad swydd fel prynwr gyda chwmni Teddington ym Mhontarddulais, cwmni'n gwneud meginau diwydiannol. Ond er bod i'r swydd honno fwy o gyfrifoldeb na'r glercyddiaeth yn y Tic-Toc, ac er ei bod yn talu'n well, am fod y Bont mor bell o'r Cefen golygai ei fod yn gorfod teithio am awr dda ar ddau fws i'w waith bob bore a nos. Nid oedd ganddo'r modd i brynu a rhedeg car, ac yn ddeugain oed prynodd feic modur – nage, prynodd foped, rhywbeth rhwng beic a beic modur, a oedd, wrth gwrs, yn boendod enbyd yn y glaw, a'r hyn sy waeth a oedd yn rhy ddi-rym i fynd â neb ymhell yn gyflym. Pryniant ofer oedd y moped hwnnw, ac er ceisio peidio fe ddanododd Mam ef yn hallt iddo. Dwy fendith faterol yn unig a gafwyd o'r swydd honno ym Mhontarddulais. Am mai ef oedd prynwr yr holl nwyddau yr oedd eu hangen ar y ffatri, bob Nadolig câi Nhad anrhegion da gan ei darmerthwyr, yn bennaf poteli o ddiod gadarn nad yfai ond a roddai i gyfeillion. Y mae un o'r anrhegion hynny, *shooting stick* neu ffon eistedd ac iddi eisteddfa leder, yn fy meddiant o hyd. Dyna'r naill fendith. Yr ail oedd y wasgod felfaréd frown a gafodd yn rhodd gan gydweithiwr iddo a benderfynodd symud o Forgannwg i un o daleithiau deheuol Unol Daleithiau'r America, ac a gafodd wared â'r dilladau trymion na fyddai arno'u heisiau fyth yn y Deep South. Yr oedd melfaredrwydd a botymau du ac aur y wasgod honno yn rhy anghyffredin a llachar gan fy nhad, ac o ganlyniad fi a'i gwisgodd – drwy holl Sadyrnau fy llencyndod a thrwy flynyddoedd hir fy ngholegau.

Ond i ddychwelyd at y cyfarwydd. Yng Nghwmllynfell, gan Elgar Morgan y bwtsiwr y caem ein cig dydd Sul a'n sosejis a'n coesau cig i wneud cawl. O Gwmllynfell hefyd, o siop bapur Rhys Edwards, y deuai'n papur dyddiol, y *Daily Express*, er y buasai'n well gan fy mam gael y *Western Mail*. Pan euthum i'r ysgol ramadeg fe'm cyhuddwyd gan Enoch Thomas, un o'r athrawon gorau oll, o ysgrifennu Saesneg y dylanwadwyd arni gan Desmond Hackett, prif ohebydd chwaraeon yr *Express*. Yn feirniadol y dywedodd hynny, wrth gwrs, er mawr ofid imi. Ni feddyliais ar y pryd sut y gwyddai Mr Thomas am Hackett, ond caf ofyn yn awr a oedd ef hefyd yn darllen tudalennau ôl yr *Express*? Neu a wyddai am yr enw oedd gan Hackett fel ysgrifennwr lliwgar, trosiadfawr? Y *Daily Herald* Llafurfawr a gâi Edgar, a'r cylchgrawn wythnosol y *Reveille* yr hoffwn ei luniau o ferched mewn gwisgoedd nofio a'i jôcs a'i gartwnau er na ddeallwn mohonynt i gyd. Yr *Express* a gâi fy nhad-cu yn yr Ystrad hefyd, ond honnai fy nhad ei fod yn newid i'r *Herald* adeg etholiad cyffredinol. Prynai pawb bron yr hen *Lais Llafur*, y papur lleol enwog a gyhoeddid yn Ystalyfera. Y *South Wales Voice* oedd ei enw erbyn y pumdegau, ond fel y *Llaish* yr adwaenid ef gan ei ddarllenwyr. Yr oedd yn Rhydaman ddau bapur lleol, yr *Amman Valley Guardian* a'r *Amman Valley Chronicle*, ond, am nad oedd Dyffryn Aman mewn gwirionedd yn ymestyn ymhellach na Rhosaman, fel arfer ni chynhwysai'r naill na'r llall ddim newyddion am y Cefen. Pan gafwyd newyddion am y Cefen ynddo yn 1957 – fel y nodaf eto – fe'i camddehonglwyd gan o leiaf un o'm cydnabod.

Wrth alw yn siop bapur Rhys Edwards y caem ein hambell gopi o'r *Beano* neu'r *Dandy* (*Comic*

Cuts hefyd ar dro), ac yno y gwelem nofeligau am gowbois y Gorllewin Gwyllt ac am gymeriadau fel Tarzan, ond eu gweld a gaem a dim mwy. Cyn imi ddechrau prynu rhai imi fy hun yn laslanc, yr unig lyfrau rhwng cloriau a gefais i'w darllen oedd y llyfrau Cristnogol sentimental a gaem yn y capel am gasglu'n dda at y Genhadaeth Dramor. Yn Siop Syrfân yng Nghwmllynfell y prynai Mam ei gweill a'r holl wlân a ddefnyddiai i wau cardigans a phwlofers ac ambell falaclafa i geisio fy arbed rhag cael maleithau ar fy nghlustiau yn y gaeaf. Gwau oedd ei diléit pennaf: pan ddisgwylid babi ar y Cefen byddai wedi gwau rhywbeth iddo ymhell cyn iddo sugno. Ac i Gwmllynfell yr aem i brynu morthwylion a hoelion ac offer gardd a gwaith tŷ, sef i siop yr haearnwerthwr John Llewellyn Jenkins, brawd yr Arthur Llewellyn Jenkins y bu hysbysebion ei siopau yn gynhaliaeth dda i S4C am flynyddoedd. John Llewellyn Jenkins oedd y dyn cyfoethocaf yn y pentref i gyd. Preswyliai mewn tŷ helaeth mewn gardd helaeth seithliw ar bwys sgwâr Cwmllynfell, gyferbyn â chapel yr Annibynwyr ar y naill ochr a chyferbyn â'r Neuadd Les ar y llall. Nid eiddigeddem wrtho, yn bennaf am nad oedd eiddigedd yn perthyn inni, ond yn fwy penodol am y gwyddem ei fod wedi claddu'i wraig gyntaf a'i unig blentyn. Byddai y tu ôl i un o amryw gownteri ei siop fawr bob dydd, fel teyrn ac eto nid fel teyrn, yn fasnachwr sobrfucheddol yn ei siwt a'i wasgod, yn gwylied y byd drwy'i sbectol hanner rimyn-aur na welais wên odani odid erioed.

Am fod Mam wedi gweithio yn Siop Gynól er pan oedd yn bedair ar ddeg adwaenai'r rhan fwyaf o bobl Cwmllynfell. Wrth inni gydgerdded ar y ffordd i siopa yno un tro cyfeiriodd at wraig hŷn na hi a gerddai ar y pafin gyferbyn â ni, a dyma hi'n dweud, ''Co fam Rhys Haydn, dishgwl.' Mam R. H. Williams, a oedd newydd gael ei gap cyntaf dros dîm rygbi Cymru yn yr ail reng, oedd honno. Diau mai dyna pryd y gwawriodd arnaf fod yn rhaid i arwyr, fel pawb arall, wrth famau.

I Gwmllynfell yr aem i ymweld â'r doctor yn ogystal. Nage, *drwy* Gwmllynfell i ben draw Ystradowen yr aem. Dywedais fod John Llewellyn Jenkins yn byw mewn tŷ helaeth, tŷ a oedd yn amlwg o'r hewl. Llewellyn oedd enw yr hynaf o'n doctoriaid hefyd, Dr Llewellyn Davies. Trigai ef yntau mewn tŷ helaeth, tŷ fel plasty clwydog ar ben Tyle'r Berrington rhwng Cwmllynfell a Chwm-twrch Uchaf, ond o'r hewl, dros y mur mawr a godwyd o'i flaen, ni welid ond topiau ei ffenestri llofft a'i do. Gyferbyn â'r tŷ hwnnw, mewn hen dŷ bychan a drowyd yn feddygfa glyd, y cynhaliai Dr Davies ei *surgeries* fore a nos. Eisteddai'r cleifion ar ffwrymau a osodwyd o gylch y parwydydd yn yr ystafell a fuasai unwaith yn gegin fyw, a gweinyddai'r meddyg arnynt fesul un ac un yn yr hen barlwr. Yr oedd Dr Davies yn ddyn hyderus a golygus, bob amser yn drwsiadus mewn siwt a chot fawr dda'i brethyn gyda sgarff Paisley am ei wddwg a het am ei ben, ond yn ddyn a oedd bob amser ar hast. Gyrrai gar Riley deuliw coch ac arian, ac er ei fod yn hoff o dynnu coes, am fod llediaith ar ei Gymraeg ni fyddai ei jôcs yn taro deuddeg bob amser. Y sôn oedd ei fod wedi anfon ei blant bant i ysgolion bonedd. Un tra gwahanol oedd ei gyd-feddyg, y Dr Jones y codwyd y capel Apostolic y drws nesaf i'w fwthyn ar waelod Ochr-y-waun. Cymro glân oedd ef, dyn crwn cymharol ifanc, gwerinaidd a gwylaidd fel ei Forris 8. Bu farw'n sydyn yn ei ganol oed cynnar pan oedd ei blant yr un oedran â Lynwen a fi. Yn ei le cafwyd meddyg o Bwyliad, Dr Novak wynepgrwn wenog, a ymwelai â'i gleifion mewn Ford Popular, a'r hwn, oblegid ei hynawsedd, a ddaeth fel ei gar yn boblogaidd iawn gyda'i bobl. Am fod yno awyrgylch mor gymdogol ac am fod sylw gwyddonol a charedig i'w gael yno, hoffwn fynd i'r feddygfa yn fwy na mynd ar drip ysgol Sul. Er mynd i'r feddygfa, ni bu'r un ohonom yn dost iawn erioed. Yn blant ni ddioddefasom o ddim gwaeth na maleithau a'r dwymyn doben, a byddai tro troednoeth yn yr eira neu waldiad gyda changen gelyn yn foddion i leddfu poenau'r naill fel y byddai ychydig eli a rhwymyn yn gwella'r llall. Yn y man daeth cornwydydd ar fy ngwar yn boen enbyd i mi, a phowltis o waith cartref gwraig a drigai mewn tŷ nid ansylweddol ar waelod y Cefen, o'r enw Davies eto, oedd yn torri ac yn gwella'r rheini.

Lle bynnag y mae meddygon y mae nyrs. Tra bu, adroddodd Mam wrthyf drosodd a throsodd un hanesyn am nyrs go strict y mae gennyf gof clir ohoni yn ei hiwnifform nefi blw a'i chap. Nyrs Roberts oedd ei henw. Ymwelai â'r ysgol. Stori Mam oedd ei bod wedi dod i sefyll wrth glwyd Llwyn-brain un tro i fynegi ei gofid fy mod i'n rhy barod gyda'm cusanau yn yr ysgol fach. Yr oedd deubeth chwithig am yr ymweliad hwnnw. Un oedd bod Nyrs Roberts wedi cael trafferth i agor y glwyd am mai at i ma's yr agorai. Yr eilbeth oedd hyn. Am mai Derek Lloyd oeddwn, galwodd fy mam yn Mrs Lloyd: 'Mrs Lloyd, rhaid i chi fod yn fwy strict gyda'r crwt 'ma.' Ond ym mha le y cusanwn? Os ar iard yr ysgol, pam na cheryddodd yr athrawon fi? Yn bwysicach, yn bedair a phump oed, pwy a gusanwn? A beth oedd a wnelo Nyrs Roberts â'r hyfrydwch hwnnw, os digwyddodd? Er gofid imi'n awr ni ofynnais i Mam sut yr ymatebodd hi i'r cyhuddiad od anfoesol hwn.

Er mor hanfodol oedd Cwmllynfell inni – *satellite* i'r pentref sefydledig hwnnw oedd y Cefen, mewn gwirionedd, fel Ystradowen i'r dwyrain iddo a Rhiw-fawr i'r de iddo – yr oedd gelyniaeth rhyngom a rhai o'i blant. 'Japs Cwmllynfell' oedd ein henw gelyniaethus ni ar fechgyn y lle (ac o gofio nad oedd yr Ail Ryfel Byd wedi dod i ben tan 1945 ni raid esbonio pam). Byddai'n frwydr rhyngom o leiaf ddwywaith y flwyddyn. Byddai'n frwydr pan ddeuent hwy hyd diroedd Tŷ Gwyn i'n herio yn y jyngl y tu draw i Fryn-brain. Heblaw'n tafodau, gwaywffyn gwneud o'r coed fyddai'n harfau yn y frwydr honno. Ond *y* frwydr fawr flynyddol oedd honno a arweiniai at gynnau coelcerth Guto Ffowc. Am rai blynyddoedd buom yn cystadlu i weld coelcerth pwy a barai fwyaf, eu coelcerth nhw y tu cefn i Railway Terrace Draw'r Hewl neu'n coelcerth ni ar Dwyn y Cefen. Cyfrinach cadw'r tân i fynd oedd cael tanwydd a losgai'n araf, sef, yn benodol, digon o rwber. Un flwyddyn cawsom hanner dwsin o hen deiars gan Geoff

Durham, a'r flwyddyn ganlynol dywedodd rhywun a chanddo berthnasau yn Nhai'r-gwaith ar bwys Gwauncaegurwen fod dyn yno a gasglai hen deiars fel busnes, fel y casglem ni lo mân, er mwyn eu gwerthu wedyn. Penderfynwyd mynd un diwetydd yn niwedd Hydref ar hyd y lcin a arweiniai o waelod y Cefen i'r East Pit i fyny'r llechwedd i gyfeiriad Tai'r-gwaith, dair neu bedair milltir bant, disgwyl ar ein boliau yn y brwyn yno iddi dywyllu, yna cyrchu bob o deiar o stôr y casglwr teiars, a'u rowlio lawr yr allt hir yn ôl i'r Cefen. Er na hoffwn antur mor beryglus ni allwn beidio â mynd. At hynny, gwnawn unrhyw beth i guro'r Japs. Y mae'r cynnwrf ofnus a oedd ynof wrth imi orwedd yn y brwyn ar wastatir Tai'r-gwaith yn disgwyl iddi dywyllu'r hwyr brynhawn hwnnw wedi aros gyda mi hyd y dydd heddiw. Yr oedd cymaint o ofn arnaf fel y codai bustl o'm stumog, ac yr oedd cymaint o flas cas yn fy ngheg fel yr addunedais yn y fan a'r lle lletchwith hwnnw y buaswn wedi hynny yn glanhau fy nannedd bob dydd gwyn, yn union fel y gofynasai fy nhad imi wneud droeon. Do, daethom â'r teiars i dref, ac er bod y goelcerth yn dal i losgi pan oeddem ar y ffordd i'r ysgol fore'r chweched o Dachwedd ni chofiaf fod neb eisiau mynd i Dai'r-gwaith i gyrchu rhagor o deiars y flwyddyn ganlynol.

Dioddefais i'n bersonol oherwydd gelyniaeth Japs Cwmllynfell. Yr oeddwn wedi bod ar ryw berwyl yn un o'r siopau yno, ac yn cerdded tua thref heibio i siop esgidiau Mel pan deimlais raff – lasŵ – am fy ngwddwg, a rhywun y pen arall iddi yn fy nhynnu. Bachgen o'r enw Eric Howells oedd y rhywun hwnnw, na faddeuodd fy mam byth iddo am drio fy nghrogi, nac i'w dad, Willie Rees Howells, am beidio â'i gymhennu. Willie Rees oedd codwr canu Capel Cwmllynfell, gŵr, ymhen ugain mlynedd wedyn, a ddaeth yn un o gydaelodau fy mam yn nosbarth allanol Hywel Teifi Edwards, ac yn ben-blaenor hunanetholedig ar y dosbarth.

At organydd y capel hwnnw yr awn am fy ngwersi piano, David Jones ddi-blant, glöwr fel y rhan fwyaf o ddynion y lle, a'm dysgai ym mharlwr y tŷ tra eisteddai ei wraig yn gwau yn y gegin. Gan nad oeddwn i'n or-hoff o'r piano, a chan nad oedd ef yn ddisgyblwr brwdfrydig, gwersi ofer oedd y gwersi hynny, ac ni pharhasant ond am ryw ddwy flynedd. Nodais ei fod yn ddi-blant am ei fod ef a'i wraig yn datgan o hyd eu bod yn ddi-blant, ac yn siarad yn wastad am nith iddynt a drigai yn Sgeti, Abertawe. Er iddynt siarad llawer amdani, yr unig beth a gofiaf o'r hanesion hynny yw hanes y lleidr a oedd wedi torri i fewn i'w thŷ un noson drwy ffenest y llofft, ac wedi'i dychryn yn enbyd. Canlyniad clywed yr hanes hwnnw oedd fy mod beunos am sbel wedyn yn gwneud yn siŵr bod ein ffenestri llofft ni ar glo. Ond ni wn pwy yn ei iawn bwyll a ddymunai dorri i fewn i'r llofftydd hynny, yn enwedig yn y gaeaf, gan mor oer oeddynt. Unig rinwedd eu hoerni oedd bod troedio'r leino oer ar eu lloriau yn ffordd dda i wella cramp yn y coesau.

Difyrrach o lawer na'r wers biano wythnosol oedd cael galw yn y tŷ drws nesaf i Mr a Mrs David Jones, lle'r oedd Bennie a Glenys Jones a'u meibion yn byw. Yr oedd Glenys yn chwaer i Delyth, ffrind pennaf fy mam yn eu hieuenctid ac a fu farw yn ei hugeiniau. Difyrrach, meddaf. Oedd a nac oedd. Yr oedd hi'n ddifyr iawn mynd i'r tŷ hwnnw am fod Bennie'n ddyn mor ddoniol ac mor barod i dynnu coes. Ond dyn gorweiddiog ydoedd, â'i fegin yn rhidyll, yn rhannol oherwydd llwch y gwaith glo ond yn rhannol hefyd am fod y dicléin arno. Ni ddylai fyth fod wedi mynd o dan ddaear. Yr wyf o hyd yn gallu gweld yr wyneb main llwyd llygadog yn edrych arnaf o'i obennydd, a'r llais gwichlyd yn creu ysmaldod o ddim – mor arwrol â'r gorau o arwyr Islwyn Williams. Meinion oedd y bechgyn hefyd, y naill, yr un oed â mi, yn sgolor, a'r llall, ychydig yn ifancach, fel ei dad yn ddoniolyn. Lynfel oedd enw'r hynaf, enw gwneud sydd yn adlais gwan o Llynfell, wrth gwrs, a Doiran, nid Dorian fel yn *Dorian Gray*, oedd enw'i frawd.

Ambell brynhawn Sadwrn aem i'r *matinee* ym mhictiwrs Cwmllynfell, i weld Tarzan a Roy Rogers a Trigger a Gabby Hayes a Hopalong Cassidy – er, cyn mynd yno, anfynych y gwyddem pwy a welem. Talem dair ceiniog am sedd yn un o'r chwe rhes flaenaf, ac am y mawrbris hwnnw caem weld dwy ffilm ac at hynny ryddid hewl i fŵan Winston Churchill pan ymddangosai ar y *Pathé News*. Ni wyddem pam y'i bŵem – yn sicr nid am ei fod yn Dori achos ni fyddem yn bŵan pan ymddangosai Anthony Eden ar y sgrin. Dim ond ymhen blynyddoedd wedyn y deellais taw etifeddion hen atgasedd gwerin y graith oeddem, ddeugain a phump o flynyddoedd yn ddiweddarach yn beirniadu Ysgrifennydd Cartref Llywodraeth Llundain a anfonasai filwyr i wastrodi gweithwyr rebelgar Tonypandy yn 1910–11. David James oedd rheolwr y Neuadd Les lle dangosid y ffilmiau, dyn corffol aflawen yn ei siwt dywyll a'i wasgod a bersonolai awdurdod. Am rai blynyddoedd bu Mrs Boyce drws nesaf – o bawb – yn *usherette* yn y sinema, ond o edrych yn ôl y mae'n anodd gennyf feddwl amdani'n hebrwng neb i'w sedd gyda hyfrydwch. Y mae'n anodd gennyf hefyd feddwl ei bod yn haeddu'r -*ette* yna. Ond diau ei bod yn un dda am wastrodi plant anhydrin, ac am werthu sigaréts rhwng ffilmiau. Yr oedd yn y Neuadd hefyd ystafell lle ceid dwy ford filiards, a chyferbyn â'r ystafell filiards ystafell olau braf a gartrefai lyfrgell gyhoeddus lle gellid darllen yr holl bapurau dyddiol bob dydd ac eithrio'r Saboth – y rheini wedi'u gosod ar fyrddau ar oleddf mor uchel fel na allai plentyn mo'u darllen oddigerth ar flaenau'i draed. Er mor llym oedd David James fel disgyblwr – a, chwarae teg, yr oedd yn rhaid gwastrodi plant swnllyd; onid e, ni châi neb fwynhau'r ffilmiau – yr oedd yn well gennym fynd i bictiwrs Cwmllynfell na phictiwrs Brynaman, achos yno Phil oedd y gwastrodwr, dyn methedig mud a byddar yr oedd ei dymer a'i fosiwns yn ddigon i godi ofn hyd yn oed ar Superman.

Yn nhalcen y Neuadd Les yr oedd lawnt fowls, a'r tu hwnt i honno ddau gwrt tennis. Byddai'n werth cychwyn yn gynnar am y *matinee* ar Sadyrnau o haf, er mwyn cael hanner awr neu drichwarter i wylied y bowls, ac yn enwedig i weld y tennis. Am fod Anti Gwen wedi prynu radiogram newydd tua 1950 – sef celficyn mahogani sylweddol a oedd yn radio ac yn gramaffon – byddwn yn mynd i Dremle i wrando ar y sylwebaeth o Wimbledon, a deuthum yn fuan yn gyfarwydd nid yn unig ag enwau Louise Brough a Little Mo a Drobný a Tony Trabert ond â nodweddion eu chwarae. Ymhen sbel, o ddarllen amdano ar dudalennau ôl y *Daily Express*, Pancho Gonzales, na châi chwarae yn Wimbledon am ei fod yn chwaraewr proffesiynol, a ddaeth i mi'n brif arwr y cyrtiau. Pe bawn chwarter cystal ar gwrt â Gonzales go brin y buaswn wedi torri un o fy nannedd blaen fel y gwneuthum un prynhawn wrth fynd am smash – ond mi godais gyfuwch â'r raced, a bwrw fy nant ag ef. Yr oedd Mam yn golchi llestri yn y sgyleri pan ddeuthum tua thref, a llefodd y glaw pan ddangosodd ei chrwtyn glân ei ddant toredig iddi.

Os Cwmllynfell a gynhaliai bobl y Cefen yn faterol ac yn ddifyrrol, oblegid Tom Jones fy nhad-cu, Brynaman, fel yr awgrymais gynnau, a gynhaliai fywyd ysbrydol a diwylliadol ein teulu ni (ond, wrth gwrs, ni feddyliwn am y peth yn y termau hynny). Ym mlynyddoedd fy machgendod yr oedd chwe chapel Anghydffurfiol ym Mrynaman: Hermon ym Mrynaman Isaf, ar Wauncaegurwen bron, lle daeth Maurice Loader yn weinidog ifanc; Ebeneser, lle cofiaf J. J. Evans yn weinidog cyn i

Ddafydd Rowlands ddod yno; Siloam y Bedyddwyr, lle bu W. Môn Williams o Fodedern yn weinidog am oes gyfan; Gibea, yr harddaf a'r enwocaf – a'r mwyaf cynhennus – o'r capeli, lle'r oedd Gerallt Jones, tad Huw Ceredig a Dafydd Iwan ac Alun Ffred ac Arthur Morus Jones, yn gweinidogaethu; Moreia, y daeth Eirian Davies yno'n weinidog pan oeddwn i'n grwt; a'n Bethania ni. Edwin John Davies, yr hwn a'm bedyddiodd, a oedd yn weinidog yno pan oeddwn i'n blentyn, llywydd rhwydd ar oedfeuon pregethu a chymanfaoedd canu a chyrddau pen-chwarter, dyn tal tenau esgyrnog golygus, a fyddai weithiau'n gorfod oedi wrth bregethu i gymhennu ei fab, Geraint Wyn, am gamymddwyn yn sêt ei fam. Un pert ym mhob rhyw fodd oedd Geraint. Un bore dydd Sul, ar ôl i ni i gyd ddweud ein hadnodau, gofynnodd Mr Davies inni beth a ddymunem fod ar ôl tyfu. Dyma Geraint yn ateb, 'Gweinidog.' 'Pam gweinidog, Geraint?' gofynnodd ei dad iddo. 'Am taw dim ond ar ddydd Sul mae e'n gweithio.'

Byddem ni blant nid yn unig yn mynychu oedfeuon y Sul ond yn mynychu cwrdd Cymdeithas y Bobl Ifanc bob nos Lun hefyd yn nhymor y gaeaf, ac, am ryw hyd, tan fod gwaith cartref yn hawlio mwy o'n hamser, aem i'r Cwrdd Gweddi bob nos

Iau – fy nhad yn mynd i'r pictiwrs a Mam a ni'r plant i'r Cwrdd Gweddi. Yn un o'r cyrddau hynny y clywais Lewis Francis, un o'r diaconiaid, ar ei liniau yn y sêt fawr yn gofyn i Dduw wneud yn siŵr y byddai Cymru'n curo Iwerddon ar Barc yr Arfau y Sadwrn canlynol. 'A rhag ofan nad wyt Ti'n cofio, Arglwydd Mawr,' ebe Lewis Francis, 'ga-i d'atgoffa Di taw cochion yw'r cryse sy ar gefne'n bechgyn ni?' Uchafbwynt tymor Cymdeithas y Bobl Ifanc oedd y te parti Gŵyl Ddewi gyda'i ŵr neu'i wraig wadd. Wrth fordydd y partïon hynny (neu'r *socials* hynny) ym Methania y gwelais ac y clywais am y tro cyntaf Jacob Davies, Cassie Davies, W. Rhys Nicholas, T. J. Davies y Betws a phobl debyg, ac yr awgrymwyd imi fod yna fywyd diwylliadol y tu hwnt i ddiwylliant bro. Unwaith, cawsom brofi hynny'n llythrennol, sef pan aeth olynydd E. J. Davies, Huw Ethall, â llond bws ohonom ar ymweliad â Chymdeithas y Bobl Ifanc yng Nghapel Minny Street, Caerdydd, lle cawsai ef, ac yntau'n wrthwynebydd cydwybodol, loches yn ystod blynyddoedd yr Ail Ryfel Byd, a lle bu ef a'i wraig Hilda yn aelodau. Siwrne a hanner oedd honno ar noson waith.

Wrth gwrs, yr oedd hefyd eglwys ym Mrynaman, ac eglwys Babyddol, ond nid oeddynt yn cyfrif i ni am na chymerent ran yn y bywyd diwylliadol eithriadol gyfoethog a rannai'r chwe chapel a enwais. Byddai pob un o'r capeli yn cynnal eisteddfod flynyddol, a byddai goreuon yr eisteddfodau unigol hynny'n mynd rhagddynt i gystadlu yn Eisteddfod Fawr y Capeli a gynhelid bob gwanwyn yn y Neuadd Gyhoeddus, eisteddfod a barai am dair noson, o nos Iau tan nos Sadwrn. Byddwn i'n adrodd, byddwn mewn parti neu gôr plant a hyfforddid gan Peter Hicks, a ddaeth yn godwr canu ym Methania ar farw annhymig Jacob Haydn Williams, ac fel holl aelodau ifanc yr ysgol Sul byddwn mewn cân actol. Ond y cystadlaethau gorau gennyf oedd y cystadlaethau cyfansoddi 'llenyddol' a gynhelid wythnosau cyn yr eisteddfod fawr. Byddem yn crynhoi yn y Minor Hall, sef set o ystafelloedd o dan lwyfan y sinema a berthynai i'r Neuadd Gyhoeddus ym Mrynaman. Yno, byddem yn cael papur ysgrifennu a phwnc wedi'i osod gan y beirniad llên, a bant â ni. Gan nad oedd aelodaeth Bethania'n fawr byddwn i'n cystadlu cymaint ag a allwn, ac un o falchderau Mam yn ei chanol oed ifanc oedd bod ei mab fwy nag unwaith wedi ennill y wobr gyntaf am ysgrifennu mewn dosbarth oedran na ddylsai fod wedi cystadlu ynddo. Yr oedd clywed cyhoeddi dyfarniadau'r beirniaid ar yr ymarferion llenyddol hynny'n wefreiddiol, yn enwedig gan fod y neuadd dan ei sang. Gweld Marilyn Monroe ar y sgrin am y tro cyntaf oedd achos yr unig wefr arall a gefais yn y neuadd honno.

Gŵyl flynyddol arall a ddygai'r holl gapeli at ei gilydd oedd Cymanfa Ganu'r Pasg – er, ar y dydd Mawrth ar ôl Llun y Pasg y cynhelid hi (Cymanfa Ganu capeli Cwmllynfell a Chwm-twrch a gynhelid ar y Llun). Ond yn wahanol i'r eisteddfod fawr a gynhwysai'r chwe chapel, cymanfa ganu'r Annibynwyr yn unig oedd y gymanfa. Fel gyda'r eisteddfod, cynhaliai pob capel ei gymanfa ganu ei hun cyn dod at ei gilydd ddydd Mawrth wedi'r Pasg, naill ai yn Ebeneser neu Gibea, lle'r oedd orielau. Heddiw y mae'n ymddangos yn rhyfedd – yn wyrthiol neu'n anhygoel – fod bachgen naw neu ddeg oed yn gallu enwi'n rhes holl weinidogion capeli'r fro y maged ef ynddi, ac yn cofio dyddiadau ei chymanfaoedd canu, ond yn Nyffryn Aman yn y pumdegau yr oedd y cysegr a'i bethau yr un mor naturiol iddo'u hadnabod a'u hawlio ag ydyw adnabod cynnyrch Nintendo i blentyn heddiw. Yr oedd y capel a'i gyfarfodydd yn rhan annatod o'n bod.

Capel cymharol fach oedd Bethania, capel heb oriel iddo a heb festri wrtho tan i Ddaniel

Jones y Rhosfa, hen dad-cu Fflur Wyn y gantores, benderfynu ei fod am godi un. At hynny, yr oedd yn gapel heb gorau ynddo – hynny yw, heb seti gosod gyda chlwydi bychain yn arwain i fewn iddynt fel a geid yn y rhan fwyaf o gapeli. Ffwrymau oedd yno i eistedd arnynt, ffwrymau gyda rheilen o'r un pren wrth gefn pob un, rheilen y gellid ei chodi a'i gosod yr ochr arall i'r ffwrwm – dyfais hwylus i alluogi aelodau dosbarth ysgol Sul i wynebu'i gilydd. Ond eisteddleoedd anghyfforddus tost oeddynt, mewn gwirionedd, i'r cefn yn enwedig, am fod y rheilen yn anafus. Pan gafodd y sinema ym Mrynaman seti newydd, prynodd swyddogion Bethania yr hen seti, a'u sgriwio i lawr y capel. Gan hynny, o ganol y pumdegau ymlaen, seti pictiwrs oedd seti'n capel ni, seti canmil mwy cyfforddus na'r ffwrymau oedd yno gynt, ond O! yr oedd sŵn eu colfachau pan godai'r gynulleidfa i ganu yn gwbl wrthwyneb i ddefosiwn.

Diaconiaid y sêt fawr yn unig a eisteddai ar bren bellach: Bilo James, Daniel Davies, Brinley Pedrick, Robert Ginn (y cyhoeddwr), Tom Aeron Williams, a Lewis Francis. Eisteddai Tom Rees Cae Draw yr organydd mewn cadair gapten llong i'r dde o'r pulpud, a Peter Hicks mewn cadair debyg i'r chwith iddo. Yr unig ddiacon nad eisteddai yn y sêt fawr oedd Mrs Rees Cae Draw, gwraig ddefosiynol dros ben a dysgedig yn ei Beibl a berchid gan bawb, yn enwedig y gwragedd a fynychai ei dosbarth ysgol Sul.

Pleser clymedig wrth y capel oedd cael cyfeillion gwahanol i gyfeillion y Cefen, a chael mynd i dai'r cyfeillion hynny rhwng oedfeuon. Byddem yn cael gwahoddiad i de rhwng yr ysgol Sul a chwrdd nos yn bur aml, fy chwaer a mi i dai gwahanol yn amlach na heb, Lynwen i dŷ Bethan Richards neu Gwen Jones a fi i dŷ Alan Pedrick neu Lyn Rees y Rhosfa. Gyda'n gilydd, a chyda Mam, caem wahoddiad yn weddol gyson hefyd i dŷ Anti Getta ac Wncwl Alun a'u merch Janet (yr oedd Beti, eu merch hynaf, bant yn nyrsio). Trigent hwy mewn tŷ braf o'r enw Gwynfe House yng Nghwm-garw, a nant Garw yn rhedeg drwy'r ardd odidog ffrwythlon a erddid gan Alun. Ond y peth brafiaf oll am y tŷ hwnnw oedd bod yno ymdeimlad dwfn o berthyn. Yr oedd Anti Gwennie (Gwennie arall), mam Getta, yn gyfnither i fy mam-gu ac Anti Marged, ac yn sobor o debyg o ran pryd a gwedd ac o ran ei hysbryd hael a'i hiwmor i Anti Bessie Llangadog. Fel hen wraig eisteddog mewn siôl y cofiaf hi, hen wraig gynhesol â chlefyd Parkinson yn peri i'w phen nodio a siglo. Wrth gwrs, câi'r cyfeillion hyn wahoddiadau i ddod i de atom ni hefyd, a byddai mynd mawr ar y cacennau a'r pice mân a'r teisennau torth y byddai Mam yn eu pobi bob dydd Gwener. O! baradwys.

Teulu Gwynfe House oedd yr hyfrytaf o dylwyth Mam a drigai ar ein hochr ni o'r Mynydd Du. Yr oedd ganddi berthnasau eraill hefyd yn y cyffiniau, ei chyfyrder John a'i chyfyrderes Maggie, ond nid oeddynt hwy cweit yr un mor gynhesol ac agos atoch â pherthnasau'r wlad a theulu Gwynfe House. Yr oedd rhywbeth yn od a doniol am John. Siaradai'n gyflym fel petai ganddo fashîn-gyn yn hytrach na laryncs, a cheisiai wneud popeth yn hwyl. Trigai gyda'i wraig Sally yn un o'r byngalos teganaidd, digrif yr olwg arnynt, a godwyd hwnt ac yma ar y rhostir yng Nghwm-garw, Rhosaman a Gorshelyg. Un o'r gwragedd powdrog oedd hi Sally, â'i bag llaw beunydd beunos ar ei braich. Nid oedd ganddynt blant. Nac Anti Maggie chwaith. Yr oedd hi'n byw ym Mrynaman Isaf yn un o dai canol y rhes a elwid yn Dai Cannon, tŷ a gofiaf am ei dywyllwch ac am y steiff oedd yno, 'aroglau myglyd drycsawrus' chwedl *Geiriadur Prifysgol Cymru* eto. Os oedd John Sally yn od a doniol, heb os yr oedd rhywbeth o'i le ar Charles, gŵr Anti Maggie. Ofnaf nad oedd yn llawn llathen. Siaradai'n fyngus, gwnâi'r siapse rhyfeddaf ar ei wyneb yn ddi-baid, ac wrth gerdded symudai ei holl aelodau megis i gyfeiriadau gwahanol – peth hurt i'w ddweud, mi wn, ond ceisio cyfleu yr wyf pa mor afrosgo a lletchwith ydoedd.

Enwais y capel a'i eisteddfodau a'i gymanfaoedd. Yr unig ddigwyddiad diwylliadol arall y mae'n werth – efallai – gyfeirio ato yn yr un gwynt â'r uchod yw cyngerdd y plant yn Eisteddfod Genedlaethol Ystradgynlais 1954. Efallai, meddaf, achos achlysur anghyffredin iawn oedd hwnnw, a phrin yw'r cof sydd gennyf am ddim a ddigwyddodd ynghylch y cyngerdd – heblaw'r rihyrsio mawr ar ei gyfer mewn gwahanol ysgolion o Gwm-gors hyd Ystalyfera, a'r ffaith fod y bechgyn yn ein parti dawnsio ni yn gwisgo bob o *overall* las a oedd yn camgynrychioli dillad glowyr, crysau melynfrown, a lampau coliers ar ein pennau. Bu'n bwrw glaw drwy'r wythnos nes bod cae'r Eisteddfod yn yr Ystrad yn fôr o fwd. Aeth chwe blynedd heibio cyn imi fynd i Brifwyl arall, ac erbyn hynny yr oeddwn yn greadur arall.

'PARCHED POB BYW
EI ORCHWYL'

F IS AR ÔL Eisteddfod Ystradgynlais, fel rhyw drigain a deg o blant eraill ein rhan ni o Sir Gaerfyrddin, a thri o blant eraill y Cefen, yr oeddwn yn dechrau mewn ysgol newydd, Ysgol Ramadeg Dyffryn Aman, fi a bag ysgol hynafol hyll Tom Emrys ar fy ysgwydd. Yr oedd rhywbeth yn baradwysaidd safadwy am Ysgol y Cefen. Euthum iddi'n dair oed, a thrwy'r blynyddoedd y bûm ynddi ni newidiodd na'r adeilad na'r staff o gwbl. Yr oedd yr ysgol dop, lle dysgai Miss Thomas y babanod, yn cynnwys lobi, cegin a phantri ac un ystafell ddosbarth fawr a rennid gan bartisiwn. Cynhelid y dosbarth ar y naill ochr i'r partisiwn, a'r ochr arall iddo y caem ein cinio. I lawr yn yr ysgol isaf yr oedd dosbarthiadau Miss Davies a Mr Jones. Stof fawr ddu hen ffasiwn yn llosgi glo oedd yn y tair ystafell, a chedwid y glo yn y selar a oedd o dan ystafell Miss Davies. Yr unig dro y cefais stŵr gan y mishtir oedd y tro hwnnw y mentrais i'r selar – i beth, Dyn a ŵyr – a dod oddi yno mor ddu gan luwch fel na allwn wneud fy ngwaith. Yr oedd gwneud ein gwaith, a'i wneud yn lân, yn ddyletswydd egwyddorol ym meddwl y tri athro fel ei gilydd. O raid, hyfforddi plant ym mhen eu ffordd oedd dawn fawr Miss Thomas, a dadlaith poteli llaeth pan rewent yn nhwll gaeaf. Rhifyddeg oedd *forte* Miss Davies, a gwnïo i'r merched. Gwneud *graphs* yw'r pethau a gofiaf fwyaf o ddosbarthiadau Mr Jones, copïo cerddi oddi ar y bwrdd du, a thynnu lluniau a pheintio. Ond rhaid eu bod oll wedi dysgu llawer mwy na'r pethau hynny i ni, achos yr oedd ganddynt enwau da iawn fel athrawon.

Y mwyaf galluog o'r plant yn fy nghyfnod i yn Ysgol y Cefen oedd Emrys Wyn Thomas, a gyfenwyd am ryw reswm yn Còdi, bachgen brasgamog a siaradai'n ebychiadol, a oedd ddwy flynedd ar y blaen i mi ac a enillodd le, ar ôl iddo fod yn Rhydaman, i astudio'r gwyddorau bywydol yn Rhydychen. Ef a Beth Barnett oedd y ddau a deithiai bellaf i ddod i'r ysgol, ef o Ddôl-gam a Beth o fyngalo – sinc eto fyth – gerllaw'r Coedcae. Yn y gaeaf, ar ôl ysgol, am fod ei chartref mor bell o'r pentref a'r ffordd tuag ato'n ddiolau, byddai Beth yn aros yn nhŷ un o'i chyfeillesau ar y Cefen tan y deuai ei thad o'i waith ar y bws deg munud i chwech (fel fy nhad i), ac yna cerddai tua thref gydag ef. Ni wn beth a ddaeth ohoni hi; mynd yn filfeddyg a wnaeth Emrys Wyn.

Byddai plant y Cefen yn gorfod mynd i ysgol gynradd Brynaman i sefyll arholiadau'r sgolarship.

Y bore yr aeth y pedwar a'u safodd yn fy mlwyddyn i i ddisgwyl am y bws, cawsom fod Sally Sinclair wrth y *bus-stop* o'n blaen, yn awyddus i roi bob o gnepyn bychan o lo carreg yn ein pocedi, er mwyn i ni gael lwc. Ac fe'i cawsom! do – y pedwar ohonom. Rhaid nad oedd gweddill y plant yn rhan uchaf dosbarth Mr Jones eisiau sefyll yr arholiadau, a'u bod yn ddigon bodlon mynd i'r Ysgol Ganolraddol yn Rhydaman, lle'r oedd Rhianydd ferch Tom Henry Thomas erbyn hynny yn un o'r athrawesau. Yn ein hachos ni'r bechgyn, glo i geisio'n cadw *rhag* glo oedd y cnapiau a roes Sally Sinclair yn ein pocedi. Ar ôl yr Ail Ryfel, gyda dyfodiad mynediad rhad i'r ysgolion gramadeg, gobaith llawer o rieni yn ein hardaloedd ni oedd na fyddai eu meibion yn gorfod dilyn eu tadau a'u teidiau i weithio o dan ddaear. Ond ymhen ychydig flynyddoedd ar ôl i mi fynd i Rydaman, i gryn raddau symudwyd y bygythiad hwnnw, oherwydd yr oedd y Bwrdd Glo Cenedlaethol yn cau gweithfeydd, hyd yn oed gweithfeydd llwyddiannus, ac yr oedd gofyn i fechgyn fy oedran i chwilio am waith mewn ffatrïoedd mor bell i ffwrdd â Fforest-fach a Phen-y-bont neu ym Mhort Talbot yn y gwaith dur. Ond ni symudwyd bygythiad y gwaith glo yn llwyr. Gadawodd ambell fachgen yr ysgol ramadeg

yn bymtheg oed er mwyn mynd o dan ddaear, a'r
amlycaf i mi, am ei fod yn byw gyferbyn â ni, oedd
Ken, mab Sally Sinclair ei hun.

Os oedd Ysgol y Cefen yn baradwysaidd safadwy,
un ddieithr o raid oedd yr ysgol ramadeg. Gan nad
aem yn aml i Rydaman, ac eithrio – fel y dywedais o'r
blaen – i newid bws i fynd yn ein blaenau i Landeilo a
Llangadog neu Bumsaint, ni allaf fod yn siŵr a welais
adeilad yr ysgol cyn imi fynd iddi, ac eithrio ar sgrin.
Yn 1951 cynhyrchwyd ffilm o'r enw *David* yn olrhain
hanes y bardd Amanwy, sef David Rees Griffiths,
brawd Jim Griffiths yr Aelod Seneddol. Bu David yn
gweithio'n y lofa, ac yna, am yn agos i chwarter canrif,
yn ofalwr yr ysgol. Yng Nghwmllynfell y gwelais y
ffilm. A dweud y perffaith wir, ffilm sentimental
ydoedd – ond o wneud ffilm am Amanwy, a ellid ffilm
wahanol? Erbyn imi gyrraedd yr ysgol nid y bardd
ond dyn o'r enw Mr Roach oedd y gofalwr, a phrin y
gwnâi neb ffilm amdano ef, oni ddymunid gwneud
ffilm am fechgyn y pumed a'r chweched dosbarth yn
tyrru i'w weithdy selerog tywyll i smocio ar y slei. Yr
oedd yr adeilad carreg deulawr y gofalai ef amdano
yn olyniaeth Amanwy yn adeilad hir ffenestrog nobl,
gydag esgyll helaeth iddo. O'i flaen yr oedd lawnt
cyn hired â'i hyd a hanner cyn lleted. Ac yn ei gefn

yr oedd iardiau chwarae, y naill i'r bechgyn a'r llall i'r genethod, a *gymnasium* yn eu rhannu. Nid oedd yn y fro i gyd yr un adeilad mwy nac adeilad mwy trawiadol nag adeilad yr Amman Valley Grammar School.

Yno, yr athro a wnaeth yr argraff gyntaf arnaf oedd Dai Aríth, dyn y gwyddwn amdano flwyddyn neu ddwy cyn imi fynd i'r ysgol newydd, am fod ei enw fel disgyblwr llym yn chwedl ymhlith pawb a'i mynychai, ac wedi cerdded hyd at dop Dyffryn Aman. Fel yr awgryma'i lasenw, ef a ddysgai arithmetic i ni yn 2A (ni cheid dosbarthiadau 1 yn Ysgol Ramadeg Dyffryn Aman). Dyn trwm, corunfoel, wynepgoch, llyfnwedd eithriadol, a chanddo sbectol ddi-rim y syllai dau lygad dieflig drwyddi, oedd Dai Aríth, dyn a oedd ym mhob gwers yn eistedd wrth ei ddesg ar flaen y dosbarth mor ddi-syfl â Bwda cerfiedig, a dyn nad oedd raid iddo ddefnyddio cefn ei law ar neb am fod ei dafod dirmygus yn brifo fel rascl. Ofnem ef yn ddirfawr. Ond ar ddiwedd ein blwyddyn gyntaf ymddeolodd. Nis gwelais wedyn tan fy mod yn llanc deunawmlwydd pan ddeuthum wyneb yn wyneb ag ef ar faes Eisteddfod Genedlaethol Llanelli yn 1962, lle cefais sgwrs wirioneddol felys gydag ef a gwên dra charedig wrth ymadael. Ond Mr Arthur Davies oedd y gŵr hwnnw, nid Dai Aríth. Pan ymadawodd ef â'r ysgol, gwraig groenddu – neu'n hytrach gwraig o waed cymysg – a ddaeth yn ei le, Mrs Williams, Maggie Maths, y wraig debycaf o ran pryd a gwedd i'r chwaraewraig dennis Althea Gibson y gallech ddymuno'i gweld, ac athrawes dda i ryfeddu.

Yr oedd dau hynafgwr agos-at-ymddeol arall ar y staff yn 1954, athrawon a fuasai yno bron er sefydlu'r ysgol yn niwedd y dauddegau. V. V. Vanstone oedd y naill, athro gwaith coed cythreulig o flin, didrugaredd a da'i annel wrth daflu morthwyl pren at ddisgyblion siaradus a seiri di-glem fel ei gilydd. Y llall oedd John Owen fonheddig drwsiadus, y prif athro ffiseg, brodor o Fae Colwyn, a aned ac a faged, fel Dai Aríth a Vanstone, yn hwyrddydd Oes Victoria. Ni chlywais ei Gymraeg, ond siaradai Saesneg fel petai ei chytseiniaid yn ddolur i'w ddannedd. Ef, yn rhinwedd ei swydd fel Meistr Hŷn, a oedd yn gyfrifol am ein cadw ar y llwybr cul, a phan ddrwgdybiai fod rhai bechgyn wedi bod yn gwagswmera'n y dref amser cinio, byddai'n eu rhybuddio rhag hyfrydwch pechod drwy ddweud, 'Girrlss, billiarrdss and cigarrettess arre the rruination of boysss.'

Eraill ymhlith y gwyddonwyr oedd Tommy Sci, sef Roger Thomas, tad D. Hugh Thomas a fu'n

Ysgrifennydd ac yn Llywydd Llys yr Eisteddfod Genedlaethol, a Llew, sef Llewellyn Williams. Cemegydd oedd y naill, a mathemategydd y llall, dau gymeriad am y pared â'i gilydd. Am ei fod wedi dioddef syfrdandod oblegid rhyw danchwa neu'i gilydd yn ystod yr Ail Ryfel – neu felly y tybiem – bob hyn a hyn âi Tommy Sci ar hanner gwers i hanner llewyg, a safai ym mlaen y dosbarth yn syllu i unlle. Ond ni chymerem fantais arno. Yn hytrach parchem ef am ei fod, fel athro dosbarth, mor garcus ohonom. Diau bod Llew yn poeni amdanom yn ei ffordd ei hun, ond yr oedd yn barotach ei glatsien na'r un athro arall yn yr ysgol. Cofiaf Gwilym Treharne (Titch), a aeth rhagddo i chwarae mewnwr i dîm rygbi Caerdydd, yn cael trafferth gyda'i fathemateg yn gynnar, a Llew yn rhuo uwch ei ben. 'What do you want to be when you grow up, boy?' gofynnodd Llew iddo. 'A test pilot, sir,' ebe Tich. 'And how will you manage as a test pilot without mathematics?' gofynnodd Llew wedyn. 'Oh, I'll have a navigator, sir,' ebe Tich. Os do fe, cafodd bawen fawr y llew ar draws ei glopa!

Cemegydd oedd y prifathro hefyd, O. J. Evans, brodor o Sir Fôn a briododd gyda chwaer yr athro bioleg, Orlando Evans o Frynaman (Odo, chwedl ninnau). Stwcyn hunanbwysig iawn oedd OJ, yn dechrau fel prifathro y diwrnod y dechreuodd disgyblion fy mlwyddyn i ein haddysg uwchradd, stwcyn hunanbwysig byr tew a wnâi bob cyhoeddiad yn yr ymgynulliad boreol – yr *assembly* – yn Saesneg. Yr oedd bron mor fyr ond nid yn agos at fod mor siapus â'r unig athrawes a dynnai sylw'r bechgyn oll yn yr ymgynulliad hwnnw, sef Miss Howells, athrawes ymarfer corff y merched, a ddeuai i lwyfan y neuadd i addoli bob bore yn ei *gym-slip*, fel petai wedi cerdded allan o staffrwm St Trinian's i ddangos ei choesau i fechgyn a glaslanciau Dyffryn Aman. Tybiem fod O. J. Evans bob bore, wrth gerdded at y ddarllenfa i roi'r emyn cyntaf ma's i ganu, yn dirgel-syllu ar gluniau Miss Howells. Efallai na allai beidio. Am Odo, yr argraff a gawn oedd na wnâi ef ddim yn ddirgel, eithr yn agored a harti. Yr oedd yn ddyn tal cyhyrog, hoffus am ei fod mor hwyliog. Yn yr haf, y diwrnod y cynhelid chwaraeon yr ysgol, gwisgai'r *blazer* las golau a wisgasai ym Mhrifysgol Caer-grawnt chwarter canrif ynghynt – a hyd y gwn ni fyddai neb o'i gyd-athrawon ddim dicach wrtho.

O'r wers Gymraeg gyntaf a gawsom, gan H. Meurig Evans, daethom i ddeall nad oedd dim da rhyngddo ef a'r prifathro. Ac yn y man daethom i ddeall pam, sef am ei fod ef – a gyhoeddasai *Y Geiriadur*

Cymraeg Newydd yn 1953 – hefyd wedi ceisio am y brifathrawiaeth, ac wedi'i cholli i'r Monwysyn. Efallai y buasai'r ysgol yn Gymreiciach petai Meic (fel y'i gelwid) wedi'i chael. Ond petai ef wedi'i chael ni fuasem ni wedi'i gael yn athro Cymraeg, a buasai'r golled honno'n drom. Dyma athro strict arall, ond yn wahanol i Dai Aríth, a oedd yn llonydd strict, un bywiol strict oedd Meic. Fflachiai ei lygaid wrth iddo draethu, ac yr oedd ei fysedd hirion bob amser yn fyw o fosiwn. Os torrai neb un o'i reolau, pwyntiai fynegfys ei law dde at y pechadur a chyfeiriai ei fawd at ddrws yr ystafell. Yn y coridor y byddai'r disgybl drygionus hwnnw weddill y wers. Am reswm amlwg nid anfonai neb i gael ei gosbi gan y prifathro. Er nad âi byth i berlesmair yn ei wersi, wrth ddarllen ysgrifau neu gerddi T. H. Parry-Williams, ei hen athro yn Aberystwyth, byddai'n oedi uwchben rhyw ddweud rhyfeddach na'i gilydd, ac yn ebychu: 'Dyna i chi sgrifennwr, dyna i chi sut mae defnyddio'r hen iaith 'ma. Y? Welwch chi sut mae hi'n gweithio? Y? Welwch chi?' Ymhen amser, fe welem, y rhai ohonom a fynnai weld, a chan mor eirias oedd ei werthfawrogiad arweiniol ef inni ni ddadwelem. Cofiaf iddo un tymor ddweud wrthym taw T. Gwynn Jones oedd bardd mwyaf Cymru: 'Dyna i chi fardd!

Y?' ac iddo'r tymor wedyn ddweud taw R. Williams
Parry ydoedd: 'Dyna i chi fardd! Y?' Mi ofynnais i –
mor ddiniwed yw clyfrwch llanc – sut y gallai'r ddau
fod yn fardd mwyaf Cymru. Ni chefais ateb, dim
ond 'Ha! Ha!' fawr o'r geg olygus honno, a'i lygaid
yn pefrio o hwyl. Nid beirniadaeth lenyddol fanwl a
gaem ganddo – ond arweiniad at feirniadaeth, cariad
at lên.

Yn ystod y blynyddoedd cyntaf yr oeddwn i'n yr
ysgol yr oedd Meic yn gweithio ar *Y Geiriadur Mawr*,
ac aml ddydd Llun dywedai wrthym ba eiriau o dan
y llythyren a'r llythyren y buasai'n gweithio arnynt
dros y Sul.

Y llengarwr amlwg arall ar y staff oedd Enoch
Thomas yr athro Saesneg, cymhellwr trafod sensitif,
yr hwn a'm cyflwynodd i John Keats a Charles
Lamb, ac a fu'n warchodwr i mi fwy nag unwaith. Y
mae Dafydd Iwan yn ei hunangofiant yn nodi i mi
ddweud yn nosbarth Mr Thomas un tro, 'He catched
the ball', bod plant y dref wedi chwerthin am fy
mhen, ond bod yr athro wedi'u dwrdio. Nid wyf i'n
cofio'r achlysur hwnnw o gwbl, ond cofiaf yn dda i
mi dro arall roi ateb anghywir i ryw gwestiwn ac i
Mr Thomas ddweud, 'Hard is the fall of the mighty'
– compliment annisgwyl a barodd i mi ddechrau

magu hunanhyder. At hynny, pan oeddem yn prysur rihyrsio drama i'w llwyfannu yn neuadd yr ysgol, am na allwn fyth ddychwelyd adref i'r Cefen am bryd o fwyd a dod eto'n ôl i Rydyaman i'r rihyrsal, âi â mi i'w gartref yn Nhir-y-dail i gael te. Dyn nobl, solat, dyn â thân yn ei fol ac ymennydd mawr ar ei ysgwyddau, a dyn dysgedig.

Yn gyfysgwydd ag ef ac H. Meurig Evans rhodder Noeline Richards, yr hon yn ei blowsus glas a gwyn a'n swynai gyda'i dengarwch a'i hathrylith i ddysgu Lladin. Yr oedd *Latin for Today* yn bwysicach i mi na *John Bull* a *Reveille* gyda'i gilydd o 1954–55 ymlaen. Ac os wyf heddiw yn edifar am rywbeth ym maes ysgolheictod, y ffaith na ddarfu imi ddal ati gyda Lladin yw hynny. Siomwyd Miss Richards y pryd hwnnw, ond fi sydd ar fy ngholled. Priododd gyda Glyn Adams, yr athro ymarfer corff nad edrychai fel athro ymarfer corff o gwbl, brodor o Ystalyfera a fyddai bob bore a phrynhawn yn dreifio'i Ford Consul drwy Gefn-bryn-brain ar ei ffordd i'r ysgol ac yna'n ôl tua thref. Pan gollwn y bws ysgol – ac yr oedd hwnnw'n gadael y Cefen am ddeg munud i wyth – cawn lifft gyda Mr Adams yn ei gar, chwarae teg iddo. Dyn nobl arall.

Dyn pyglyd o'r enw Frank Pugh a ddysgai hanes

i ni. Dywedaf ei fod yn byglyd am fod popeth yn ei gylch, ei ddillad fel lliw ei groen a'i wallt, yn llwytddu. Am na chlywais ef yn siarad y tu allan i'r ysgol ni wn ai Cymro ai hanner Sais ydoedd, ond gwn ei fod yn bur anystyriol o'r merched yn y dosbarth, achos fe'u rhoddai i eistedd yn y cefn, wrth y pared ac o dan y ffenestri – hynny yw, ar ymylon yr ystafell – ac ar ôl iddo'u cael i'w llefydd cyfeiriai atynt fel *my wallflowers*. Ni bu'n rhaid iddynt ei ddioddef yn hir, achos yn 1956 symudodd i fod yn athro hanes yn Ysgol Ramadeg y Bechgyn, Pontypridd. Cawsom genedlaetholwr o Gymro yn ei le, Eifion George o Gefneithin, y cyntaf o'r athrawon, heblaw am H. Meurig Evans, nid yn unig i'n cyfarch yn y dosbarth yn ein mamiaith, ond i'n hannerch ynddi. Pan ddeuai'r awydd drosto dywedai wrth y di-Gymraeg am ddarllen yn ddistaw, ac âi rhagddo i draddodi darlith fer i'r cyfiaith ar ryw bwnc craidd yn hanes Cymru. Rhyfedd bod O. J. Evans wedi'i benodi o gwbl.

Lle dieithr i ni blant topiau'r cwm oedd Rhydaman, tref drefnus ei phensaernïaeth, dra dra gwahanol i bentref anhrefnus y Cefen, tref o strydoedd cymharol lewyrchus, tref ag ynddi bethau na wyddwn amdanynt gynt, sef pobl ddosbarth canol a masnachwyr amrywiaethol, tref a oedd yn dioddef ychydig bach o'r sïans a elwir yn Saesnegarwch, tref yr oedd ei chapel Annibynnol mwyaf yn cael ei adnabod wrth yr enw Christian Temple yn hytrach na Gellimanwydd, tref o siopau dillad ac esgidiau da, gan gynnwys un a berchenogid gan Iddew yn dwyn y cyfenw Cohen, siop gelfi drud a siopau anghyffredin eraill mewn arcêd nid anghyfandirol, tref o *blazers* brown â'r Twrch Trwyth mewn melyn ar eu poccdi a'r geiriau *Parched pob byw ei orchwyl* yn rhubanu odanodd (ac ni feddwn i ar y *blazer*). Y mae'r adroddiad a gefais ar ddiwedd fy nhymor cyntaf yn yr ysgol ramadeg yn dweud, yn llawysgrifen gain Roger Thomas, fy mod yn ddisgybl da iawn: 'A very good pupil.' Ond synnwyr o fod ar goll – ar goll mewn rhyw anwybodaeth na wyddwn beth oedd ei wrthwyneb – oedd fy synnwyr i y misoedd dieithr rheini. A hynny ar yr iard ac wrth gymdeithasu yn fwy nag yn y dosbarth, er bod rhai pethau yn y dosbarth, fel y nodais, wedi peri chwithdod imi. Yn fy niniweidrwydd nid oedd gennyf syniad beth oedd ystyr rhai ystumiau na geiriau rhywiol, er enghraifft. Ar ginio, pan ofynnodd rhywun i'r bachgen o'r chweched dosbarth a arolygai'r ford lle bwytaem ni a oedd wedi cael 'shelffad' y nos Sadwrn gynt, er na wyddwn beth oedd ei ystyr, bron nad oeddwn yn swilio gan ddieithrwch awgrymog yr ymadrodd. A chofiaf yn dda iawn Marcus Watkins, arian byw o fachgen eofn o Frynaman a ddechreuodd yn yr ysgol yr un pryd â mi, yn gofyn imi un prynhawn a wyddwn beth oedd ystyr codi dau fys. Na wyddwn. Pan ddywedodd wrthyf taw *fuck off* ydoedd nid oeddwn ddim callach. Pan glywais ddechrau'r ail dymor fod Marcus yn ystod gwyliau'r Nadolig wedi ymfudo gyda'i rieni i Awstralia, meddyliais y buasai'n dda gennyf petai wedi fy ngoleuo cyn ymadael.

Ar y bws ysgol y clywid yr araith fwyaf brwnt. Yno hefyd y gwelid rhai bechgyn yn begetan y merched. Byddai'r bechgyn hynny'n canu caneuon masweddus hefyd, 'She'll be coming round the mountain' gydag ychwanegiadau, a'r gân rifyddegol sy'n agor gyda'r llinell *This is number one and I've only just begun* ac sy'n gorffen gyda *number ten* yn odli gyda *heaven.* Ni chyfrifwn fod y caneuon hynny'n addysg am eu bod mor anllad. Diflastod ar olwynion oedd y bws hwnnw am flynyddoedd. Bws deulawr o garej James ydoedd, yn codi plant Ystradowen yn gyntaf, yn mynd drwy Gwmllynfell heb godi neb (i Ystalyfera yr âi'r plant yno i'r ysgol ramadeg ac i Wauncaegurwen i'r ysgol eilradd), ac yn ein codi ni wrth Siop Dic. Gan ei fod yn cario plant holl ddosbarthiadau'r ysgol eilradd a'r ysgol ramadeg a'r nifer bychan a âi i'r ysgol dechnegol newydd a agorwyd gan y Dywysoges Margaret, erbyn iddo adael y Cefen yr oedd yn llawn dop. Ar y glaw byddai'n ageru gan wlybaniaeth pawb. Ac ar y gorau byddai'n bandemoniwm gan waeddiadau pawb. Dim ond gyda'r blynyddoedd y deuai'r bws yn oddefadwy, set pan adawai Hwn-a-hwn a Hwn-ac-arall yr ysgol yn bymtheg oed a mynd â'i drythyllwch gydag ef.

Ym misoedd y gaeaf aem i'r ysgol yn y llwyd-dywyllwch. Byddai Mam yn ein codi am ugain munud wedi saith, caem wŷ neu dafell o gig moch i frecwast, yna rhuthrem i ddal y bws. Byddem yn Rhydaman tua 8.25, a chanai cloch yr ysgol am 8.40. Yr unig dro imi beidio â chyrraedd pen y daith yn fy iechyd oedd y tro hwnnw pan sgidiodd un o fysiau plant Brynaman a aethai o'n blaenau – sgidio ar rew ar fflatiau Glyn Moch ac ymhoelyd. Pan gyrhaeddodd ein bws ni'r fan lle bu'r ddamwain ni allai fynd heibio iddi, wrth gwrs, ond yn hytrach na cherdded y ddwy filltir oddi yno i'r ysgol penderfynodd y mwyafrif ohonom – gan gynnwys plant Brynaman, a oedd, drwy ryfedd wyrth, yn ddianaf – gerdded y saith milltir tua thref, ac am reswm llwythol cerddais innau tua thref gyda nhw. Y mae'r syndod ar wyneb fy mam pan ddeuthum i'r tŷ ganol y bore hwnnw yn fyw imi hyd heddiw. Diau iddi ofni bod rhywbeth yn bod arnaf, rhyw salwch. Yr atgof dramatig iawn arall ynghlwm â'r bws ysgol sydd gennyf yw'r atgof o weld ohono ddyn yn y Garnant yn llefain yn ofnadwy ar ochr y ffordd, am fod ei dŷ y tu ôl iddo yn wenfflam ulw a'r frigâd dân gerllaw yn analluog i wneud dim yn ei gylch.

Yr oeddwn yn adnabod rhai o fechgyn Brynaman cyn mynd i'r ysgol ramadeg, drwy'r capel a thrwy Eisteddfod y Capeli. Dafydd Iwan oedd yr amlycaf ohonynt. Yr oedd yr un oedran â mi, a chlywais Mam yn dweud fwy nag unwaith fod Mrs Gerallt Jones a hithau wedi mynychu'r un clinig i fabanod pan oedd Dafydd a mi'n fychain. Cyfeiriais gynnau at y lawnt fawr a oedd o flaen yr ysgol. Yr oedd wal weddol isel ar hyd honno, ac yng nghanol y wal set o risiau yn arwain o'r lawnt at ddrysau ffrynt mawreddog yr adeilad. Yn aml iawn amser cinio byddai twr o ferched nwyfus y chweched dosbarth yn crynhoi i eistedd a phrancio wrth ddarn o'r wal lawntiog honno, a byddent fel seireniaid yr *Iliad* yn hudo nid dynion yn eu hachos hwy ond ambell fachgen pert, iau o lawer na hwy eu hunain. Am mai Dafydd Iwan yn amlach na heb oedd gwrthrych eu chwarae eiddigeddwn wrtho

– wele, daeth yr ymwybod cyntaf â rhywioldeb ag eiddigedd i'm byd – a phan dderbyniodd ei dad alwad i fynd yn weinidog ar yr Hen Gapel yn Llanuwchllyn llawenychais yn ddirfawr. Ond ni throsglwyddodd y seireniaid eu sylw ataf i.

Un arall o fechgyn Brynaman a welswn ac a glywswn yn Eisteddfod y Capeli oedd Berian Evans, a oedd yn fiolynydd rhagorol hyd yn oed yn ei drowsus byr. Deuthum yn gyfeillion gydag ef, a thrwyddo deuthum yn gyfeillion hefyd gyda Roy Noble, un arall o fechgyn Brynaman, ond un na pherthynai i gapel. Y pedwerydd o'r pedwarawd erbyn diwedd ein blwyddyn gyntaf yn Rhydaman oedd Richard John Davies o Ystradowen, Whitey ys galwai pawb ef oherwydd ei wallt goleuwyn. Ef oedd y chwaraewr rygbi gorau o ddigon yn ein plith – yn wir, er mor ifanc ydoedd, ef oedd un o'r chwaraewyr rygbi gorau yn yr ysgol i gyd, ysgol a ymfalchïai yn y disgyblion a fagodd i chwarae i fechgyn Cymru, a gynhwysai, yr adeg honno, Norman Edwards a Cyril Davies a John Elgar Williams. Y Roy arall a ddaeth i'm bywyd yn 1954 oedd Roy of the Rovers, y pêl-droediwr rhyfeddol, prif arwr y comic newydd sbon o'r enw *Tiger* y cerddwn i'r siop bapur newydd drws nesaf i garej James i'w brynu'n wythnosol. Y bechgyn hyn –

Berian, Roy a John – fu fy mhrif gymdeithion drwy'r blynyddoedd yn Ysgol y Twrch Trwyth. Eto i gyd, er rhagored eu cwmni, yn ystod y tymhorau cyntaf onid yn ystod y blynyddoedd cyntaf, fel yr awgrymais eisoes, ni chynhesais at y lle, ac ni theimlais fy mod yn perthyn iddo fel y perthynwn i'r Cefen.

'ANGAU, 'RWYT TI'N FY OFNI I'

G AN NA FYNNAI ei rieni roi pwysau o gwbl ar
John Hughes, fy ffrind gorau, ni safodd ef
arholiadau'r sgolarship yn 1954. Buasai wedi pasio'n
rhwydd. Ond yr oedd yn y teulu ryw arafbwyll,
diffyg menter a diffyg uchelgais. Nid aeth Mary, ei
chwaer ganol, i'r ysgol ramadeg chwaith, a dewisodd
yn gariad ac yna'n ŵr iddi Phil Owen o Gwmllynfell,
maswr ac ochrgamwr gwych ar y cae rygbi a fuasai
yn Ysgol Ramadeg Ystalyfera, yr hwn yn ddeunaw
oed a ddewisodd fynd yn bostmon yn hytrach nag yn
fyfyriwr prifysgol, ac a roes y gorau i chwarae rygbi'n
gynnar er bod clwb Abertawe'n diddori ynddo. Aeth
yn bostmon fel Steve, gŵr Mattie, chwaer hynaf
John a Mary. Aethai Steve yn bostmon am nad oedd
ganddo ben; mynd yn bostmon am fod honno'n
swydd rwydd a wnaeth Phil. Gan na safodd yr
arholiadau, i Ysgol Eilradd Rhydaman yr aeth John,
yn gyntaf i'r adeilad a oedd ganddi yn Nhir-y-dail,
ac yna i'r prif adeilad yn y caeau y tu ôl i garej bysus
James yn Rhydaman.

Yno y datblygwyd ei ddawn redeg. Ac wrth iddo'i
datblygu dechreuodd feddwl am ymarfer o ddifrif.
Edrychwn arno'n rhedeg y ffordd fain o ben Twyn y

Cefen heibio'r tai cyngor hyd at Gors-hir ac i lawr yn ôl heibio'r gwaith dŵr a'r *pumping station* i'r Twyn drachefn, ac amserwn ef (yr oedd gennyf watsh o'r Tic-Toc). Rhedai wedyn o'u tŷ nhw i lawr yr allt y byddem yn gyrru'n ceirt-geidio ar hyd-ddi gynt, draw hyd dŷ gweddw Dr Jones, cyn troi lan i ben Ochr-y-waun, ac i lawr yr incléin y tu cefn i'r Pwll Bach, gan gymryd yr hewl fawr o bont y rheilffordd hyd at fyngalo Edwards y Co-op, a rhedeg hyd y Twyn eto'n ôl i'r tŷ. Yn ogystal â rhedeg, gallai John wneud campau fel y naid hir a'r naid uchel, yr oedd yn dwmblwr da, ac at hynny yr oedd yn ddringwr wal digymar. Yr oedd, yn ddi-os, yn tyfu i fod yn fabolgampwr ardderchog.

Prynasom bob o raced dennis, ac ar nosweithiau o haf cerddem i sgwâr Cwmllynfell i chwarae ar y cyrtiau yno, a chael pleser mawr tan yn hwyr y nos, er nad oeddem yn llwyr gynefin â'r rheolau.

Yn wahanol i ni, a âi bob gwyliau haf i Langadog neu Bumsaint, naill ai ar dripiau undydd neu am wyliau byrion, âi William Gwilym a Mrs Hughes a John ar dripiau bysus. Byddai Johnny Tir Deg a Mary Ann Evans ei wraig, a drigai'r drws nesaf i'r ysgol ac o dan yr unto ag Annie a Nano Davies, yn trefnu tripiau rheolaidd o'r Cefen drwy fisoedd yr haf yn ystod gwyliau'r ysgol, tripiau undydd i lan y môr yn y Barri neu Borthcawl neu i'r wlad i Lanwrtyd a Llanfair-ym-muallt, ac yn llogi bysus Rees & Williams Tŷ-croes i garto pawb. Byddai'r teulu Hughes yn mynd mor aml ar y tripiau hyn fel y daeth John i adnabod pob bws a phob gyrrwr wrth ei enw. Oblegid ei arafwch, Crocodeil oedd y llysenw ganddo ar un bws – hen fws ac iddo gabin annibynnol i'r gyrrwr; wedyn y daeth y bysus trwyn-fflat – a Llew oedd enw'i hoff yrrwr, dyn a oedd fel un o sêr y ffilmiau a chanddo wallt tonnog tywyll a mwstásh fel Clark Gable. Rwy'n gwybod hynny am imi ei weld droeon, achos, weithiau, foreau'r tripiau, awn i lawr i waelod y Cefen i'w gweld yn cychwyn ar eu teithiau, a dychwelyd i'r tŷ gyda fy mhen yn fy mhlu, yn eiddigeddus ddychrynllyd o'r antur y câi'r teithwyr fynd arni. Yn un ar ddeg ac yn deuddeng mlwydd oed, nid oeddem yn rhy hen i chwarae bysus, a gwnaem hynny, John yn Llew a minnau'n Rhywun Arall, yn rhuo'n ffyrdd rownd twmpathau'r Twyn hyd at Aberaeron ac Aberystwyth, bryd arall hyd at Saundersfoot.

Yr oedd tri chefnder i John yn byw y drws nesaf iddo, Brian, Berwyn, a David, tin y nyth, a byddai'r rheini hefyd yn cael mynd ar dripiau Johnny Tir Deg a Mary Ann, yn un rheswm am nad oedd eu tad yn cael fawr o wyliau. Ef, John Moi, brawd y Gwyneth y buom yn ymweld â hi ym Mayhill, Abertawe, oedd yn gweithio'r uwchdaflunydd yn sinema Brynaman, ac am nad oedd neb arall a allai wneud y gwaith yn ei le ni allai'r Neuadd Gyhoeddus wneud hebddo. Yr oedd sglein ar ddaearyddiaeth Brian a Berwyn fel ar ddaearyddiaeth John: gwyddent yn gymwys ar ba hewl yr oedd Llambed, a bod yn rhaid mynd drwy Gaerfyrddin a San-clêr i gyrraedd Dinbych-y-pysgod. Phyllis eu mam a'u bugeiliai nhw ar bob trip.

Gan nad oeddem yn yr un ysgol uwchradd â'n gilydd, gan fod gennyf i lawer mwy o waith cartref yn ystod y tymhorau nag oedd ganddo ef, a chan fod gwyliau a thripiau yn ein tynnu i gyfeiriadau gwahanol ar rai adegau yn ystod gwyliau'r haf, drwy flynyddoedd canol y pumdegau ni welai John a mi ein gilydd mor aml ag y gwelsem ein gilydd rai blynyddoedd ynghynt, er y ceisiem o hyd fynd gyda'n gilydd i'r Vetch ambell brynhawn Sadwrn, a phan âi fy rhieni a Lynwen gyda Thomas John a Valmai a Bethan am dro yn y Wolseley ar brynhawniau Sadwrn daliem i wylio Kenneth Wolstenholme gyda'n gilydd gyda'r nos. Fel gyda phopeth, gwelsom mai fel'ny yr oedd pethau, a'u derbyn.

Yna, un diwrnod braf yng nghanol mis Gorffennaf 1957, a'n hysgolion wedi torri, euthum i dŷ John â'm raced yn fy llaw, i ofyn a ddeuai ma's i chwarae. Y gwanwyn cynt yr oedd mishtir Ysgol y Cefen wedi marco cwrt tennis ar yr iard darmacadamedig, cwrt o faint llai na chwrt llawn, ond cwrt tennis serch hynny. Yr oedd hefyd wedi prynu i'r ysgol fframyn go fawr o fariau dringo dur ac wedi'i sodro yn y tarmac wrth ochr y cwrt, fframyn go fawr o fariau dringo y gallai plant eu cerdded megis gyda'u dwylo. Fy mwriad i y diwrnod hwnnw oedd mynd i chwarae tennis ar yr iard. Fe ddaeth John ma's i chwarae, ond am ryw reswm ni ddaeth â'i raced gydag ef. Ni wn yn y byd mawr crwn pam. Oherwydd ei natur ni allaf feddwl ei fod wedi bod yn fachgen mor ddrwg fel na chaniateid iddo'i ddymuniad. Ni allaf feddwl chwaith fod Mrs Hughes yn ddisgyblwraig mor llym fel y cosbai'r hwn a oedd yn gannwyll ei llygad. Nid oedd 'Na' yng ngeirfa'r wraig feddalfwyn honno. A oedd John ei hun, tybed, wedi penderfynu na ddymunai chwarae tennis?

Aethom i lawr i'r ysgol, a chan nad oedd gennyf i neb i chwarae yn ei erbyn euthum i daro'r bêl dennis yn erbyn wal yr estyniad a godasid fel stordy i ddosbarth Mr Jones, ei tharo a'i tharo gan ymarfer fy strôc gefn-llaw orau y gallwn ac yna fy strôc flaen-llaw. Aeth John i chwarae ar y bariau. Yn y man gwelais ei fod yn mynd o'r naill far i'r llall fel acrobat. Peidiais â'r tipyn tennis er mwyn edrych arno. A chyda'r gynulleidfa o un yn ei edmygu ceisiodd John wneud camp fwy na neidio o un bar i'r nesaf. Anelodd at y bar nesaf ond un, ac fe'i methodd. Syrthiodd a tharo'i ben ar y tarmac gyda chlewt y clywaf ei dylni o hyd. Rhyfeddod y byd, cododd yn syth bin, ac aeth i eistedd ar y ffwrwm bren hir o dan y *shelter* ar waelod yr iard lle'r oedd tai bach y bechgyn. Es innau ar ei ôl. Yr oedd yr wyneb a oedd bob amser yn welw gan frychni yn awr yn syfrdanbell, ac yn welw wael. Gan fod y cwt ar ei ben yn gwaedu, gwlychais fy neisied o dan dap dŵr ger y tai bach a'i gwasgu ar ei friw. Yr oedd yn amlwg mewn poen enbyd. Yn y man, dywedodd y byddai'n well inni fynd tua thref. Ac aethom. Lan tyle'r Cefen. Ef ar y blaen imi, minnau ddwylath ar ei ôl, mewn tawelwch arteithiol ofnus. A flaenorai ef am ei fod yn gwybod ei fod yn cerdded i le na chawn i ddim mynd iddo? Ac, yn fy achos i, a ddilynwn ef am fy mod eisiau'i wylio'n mynd er fy mod yn dirfawr ofni i ble'r âi? Y noswaith honno aethpwyd ag ef i Ysbyty Abertawe. Yn oriau mân y bore wedyn bu farw. Yn fy ngwely'n effro yr oeddwn

i pan alwodd ei fodryb Phyllis yn Llwyn-brain am
hanner awr wedi wyth i ddweud ei fod wedi'n gadael.

Ychydig wythnosau yn ddiweddarach bu farw
Anti Gwen. Fel y dywedais ynghynt, yr oedd ei
thŷ hi ac Edgar am yr ardd â'n tŷ ni, neu, a bod yn
fanwl gywir hollol, yr oedd am ddwy ardd â'n tŷ ni.
Cyn imi ddod i'r byd yr oedd rhywun wedi sicrhau
bwlch yng nghorneli perthi pedwar tŷ, Llwyn-brain,
Cartref, Tremle a thŷ David Isaac, wedi gosod cerrig
yn dair gris yn y bwlch hwnnw, ac wedi gosod clwyd
islaw'r gris isaf. Golygai hynny y gallem fynd ar
hyd llwybrau'n gerddi o Lwyn-brain i Dremle heb
rowndio hanner y pentref. Gan hynny, byddem yn
nhai'n gilydd bob dydd gwyn. Neu'n hytrach, i fod
yn fanwl gywir hollol unwaith yn rhagor, Mam a
minnau a âi amlaf i'w tŷ nhw. Anaml iawn y deuai
Anti Gwen i'n tŷ ni, a dim ond ar berwyl penodol yr
âi fy nhad i'w tŷ nhw. Am fod Edgar yn gweithio shifft
ddydd ym Mrynhenllys – ni chofiaf ef yn gweithio
shifft brynhawn na shifft nos – byddai wedi dod tua
thref o'i waith awr a hanner dda cyn imi ddod o'r
ysgol, yn y blynyddoedd cynnar yn ddu gan lwch y
lofa ac ymhen ychydig wedyn yn sheino gan lendid
y *pithead baths* y canodd Max Boyce amdanynt –
ac ar ôl te awn i lawr ato i weld sut hwyl oedd arno.

Ar ei ben ei hun y byddai, achos yr oedd Anti Gwen yn gweithio yn y Tic-Toc, ym Machine Shop G5A, ac ni fyddai hi'n dod tua thref tan wedi pump.

Er fy mod yn gwybod eu bod wedi colli Tonwen pan oedd yn ddwy oed, nid oedd gennyf lyfelaeth beth a olygai eu profedigaeth iddynt. A chan nad oedd gan y crwt ynof amcan o gwbl o rawd amser, ni ddeallwn ar y pryd taw ychydig flynyddoedd yn unig a aethai heibio er pan fu farw'r ferch fach, a bod eu galar o hyd yn enbydus o ifanc. Dim ond ymhen blynyddoedd maith wedyn y gofynnais imi fy hun a oedd fy ngweld i bob dydd, a gweld Lynwen fy chwaer, nad âi yno mor aml, yn dyfnhau'u hymdeimlad o golled, ynteu a oedd fy ymweliadau beunyddiol i yn gysur o ryw fath iddynt. Chwarae teg iddo, y rhan amlaf byddai Edgar yn ceisio ymddwyn yn hwyliog. Weithiau byddai'n adrodd 'Cwm Pennant' Eifion Wyn wrthyf ar ei hyd, ac yna'n adrodd y cwpled

> Hen fenyw fach yn byw mewn tent
> Yn golchi'i chont â sebon sent.

Ni wn hyd y dydd heddiw ai ef ei hun a'i cyfansoddodd neu rywun arall, ond nid adroddodd neb arall ef wrthyf. Ni wn chwaith beth oedd ei fwriad wrth yngan gair mor anllad yn fy ngŵydd diniwed i. Anaml y byddai Anti Gwen mewn hwyl. Er bod ei llygaid yn culhau'n ddisglair pan fyddai'n gwenu, gwên achlysurol oedd y wên honno, gwên dan orfod megis, dan orfod byw beunydd yn y fath fyd profedigaethus.

Gan fod y ddau'n gweithio, a chan fod glöwr yn cael cyflog uwch na chlerc yn y Tic-Toc, meddyliwn eu bod yn bur dda'u byd. Prynasant set deledu o flaen neb arall ar y Cefen (yr oedd eu cegin fyw yn llawn o wylwyr ddiwrnod *Cup Final* Stanley Matthews yn 1953), yr oedd ganddynt y radiogram fahogani ddrudfawr y cyfeiriais ati o'r blaen, aent ar eu gwyliau i lefydd fel Eastbourne a Bournemouth gan aros mewn gwestai yr oedd gan y Bwrdd Glo Cenedlaethol drefniant arbennig gyda nhw ar gyfer ei weithwyr, ac yna prynasant gar modur, Standard 8 glas. O'r hyn a ddywedai, synhwyrwn nad oedd Mam yn cymeradwyo'r gwario mawr hwn, nid yn unig am ei bod hi o ran natur ac angen yn ofalus gyda'i harian, ond am fod Edgar wedi gofyn am fenthyciad ganddi hi a Nhad i brynu'r car. Ac wedi'i gael, y mae'n amlwg. Fe'i prynwyd, meddid, i fynd ag Anti Gwen ar dripiau i'r wlad ac i lan y môr. Dyna'r arwydd cyntaf i mi fod rhyw dostrwydd arni, ac nad ei galar yn unig a achosai iddi ymddangos mor brudd a gwantan a di-ffrwt.

Ychydig o ddim a ddywedid wrthym ni blant am salychau a dioddefiadau. Ni ddeellais ba mor wael oedd Anti Gwen tan yr aethpwyd â hi ddiwedd gaeaf 1956–57 i letya yn nhŷ perthnasau iddi, na chlywswn sill amdanynt cyn hynny, yn un o'r strydoedd sy'n arwain o'r Uplands yn Abertawe i lawr i gyffiniau'r Guildhall, er mwyn iddi gael awyr y môr. Yr wyf bron â dweud 'er mwyn iddi gael awyr y môr, sbo' oherwydd ni wn sut y meddyliai neb, nac Edgar na'i mam na'r meddygon, fod Anti Gwen ar ei hennill wrth gael ei hanfon i Abertawe. Onid oedd awyr y Cefen yn awyr gwbl iach? Pa ddisgwyl i berthnasau – perthnasau dieithr iawn – ofalu yn ei salwch am wraig na welsant odid ddim arni yn ei hiechyd? Un prynhawn dydd Sadwrn ganol mis Ebrill, ychydig cyn i'r tymor pêl-droed ddod i ben, euthum ar fy mhen fy hun i'w gweld yn y tŷ yma yn Abertawe. Saesneg a siaradai'r tylwyth a drigai yno, ac yn Saesneg yr hebryngwyd fi i'r parlwr lle gorweddai Anti Gwen mor welw wannaidd. Ni wn beth a ddywedais wrthi, ond gwn fy mod yn fwy na pharod i'w gadael i fynd i'r Vetch. Petawn wedi ymweld â hi deirawr yn ddiweddarach buaswn wedi gallu dweud wrthi fod Swansea Town y prynhawn hwnnw wedi curo Stoke City o gôl i ddim, a thaw Harry Griffiths a'i sgoriodd.

Bu farw'r haf hwnnw, ychydig wythnosau ar ôl marw John. Yn fuan iawn ar ôl ei hangladd, cefais wahoddiad gan Brinley a Mari Pedrick, Cwm-garw, i fynd am wythnos o wyliau gyda nhw ac Alan eu mab i Landudno, 'am dy fod wedi mynd drwy lawer'. Y 'llawer' oedd marw John a marw Anti Gwen, wrth gwrs. Gwn fod hyn yn swnio'n anniolchgar dros ben, ond buasai'n dda iawn iawn iawn gennyf pe na bawn wedi derbyn y gwahoddiad tra charedig hwnnw. Ar ci ben ei hun yr oedd y galarus ynof eisiau bod. Yn un peth, yr oedd fy nghydwybod yn fy mhoeni. Ni wyddwn hyd sicrwydd nad oedd arnaf i ryw fai am farwolaeth John. Pe na bawn wedi'i ddenu ma's o'r tŷ a phe na bawn wedi'i arwain i chwarae ar iard yr ysgol ni fuasai wedi dringo'r fframyn dringo angheuol. A ddylswn fod wedi gwlychu fy neisied a'i rhoi ar ei glwyf neu beidio? A ddylswn fod wedi disgrifio'i gwymp yn fwy manwl gerbron ei rieni? A fuasai'r disgrifiad manylach hwnnw wedi peri iddynt alw'r doctor ynghynt? Er mwyn meddwl am y pethau hyn a cheisio gwneud rhyw synnwyr ohonynt, er pan fu farw John yr oeddwn wedi dechrau crwydro godre'r Mynydd Du ar fy mhen fy hun, ac mewn ffordd wyrgam bleserus-amhleserus wedi dechrau cael blas ar f'annibyniaeth.

Yr oedd y llety yn Llandudno yn hunllefus. Yr oedd

Mr a Mrs Pedrick wedi archebu dwy ystafell yn un o'r ugeiniau o dai a oedd yn cynnig gwely a brecwast yn y dref. Pan gyrhaeddon ni, cafwyd mai un ystafell yn unig oedd ar ein cyfer, un ystafell â dau wely dwbwl ynddi; ac nid oedd honno'n helaeth nac yn hardd. Tybed a fu Brin a Mari Pedrick yn chwilio am westy arall lle ceid dwy ystafell, ac iddynt fethu â'u cael yn unman? Neu a dderbyniasant y trefniant cwbl anfoddhaol a gynigiwyd iddynt yn y gwesty cyntaf, efallai am eu bod wedi rhoi arian i lawr arno ac am nad oedd y gwestywr yn fodlon ei ad-dalu iddynt? Yn sicr, nid oeddynt yn ddadleuwyr. Am seithnos cysgais yn yr un gwely â chyfaill o fachgen nad oeddwn wedi cysgu gydag ef erioed o'r blaen, a hynny yn yr un ystafell â'i fam a'i dad, heb ddim rhyngom ond rhannwr – y celficyn plyg hwnnw y gwelir pobl mewn ffilmiau yn newid y tu ôl iddo naill ai mewn siop ddillad well-na'r-cyffredin neu mewn meddygfa. Yr oedd y sefyllfa yr un mor ddiflas i'r Pedricks ag yr oedd i mi – yn ddiflasach o lawer iawn, bid siŵr, am mai eu trefniant hwy ydoedd, ac am fod gan ŵr a gwraig ganol-oed fwy i'w guddio, onid i swilio rhagddo, na bachgen yn mynd ar ei bedair ar ddeg. Ni soniodd yr un ohonom yr un gair am y gwyliau hwnnw byth wedyn. I mi, yr oedd yn goron bren bwdwr ar haf dieflig.

Pan gyrhaeddais yr ysgol ramadeg ddiwrnod cynta'r tymor newydd, y bachgen cyntaf a welais wrth y glwyd oedd Colin Evans, a oedd yn yr un dosbarth â mi. Rhythodd arnaf yn syn, gan ddweud yn blwmp: "R o'n i'n meddwl dy fod ti wedi marw.' Wedi darllen yn un o bapurau lleol Rhydaman yr adroddiad ar y cwêst ar farwolaeth John yr oedd, ac wedi cael pen anghywir y stori. Tyst oeddwn i'n y llys hwnnw yn Abertawe, nid gwrthrych y trengholiad. Y mae'n beth twp a hollol afresymegol i'w ddweud, ond pan ddywedodd Colin hynny wrthyf teimlwn mor athrist â phetawn i fy hunan mewn gwirionedd wedi marw.

Ychydig wythnosau'n ddiweddarach rhoddodd Meurwyn Williams fenthyg copi o *Y Gân Gyntaf* gan Bobi Jones imi, llyfr barddoniaeth a ddarllenais ar ddau eisteddiad mewn llesmair pur yn y parlwr gartref. Ei bennill agoriadol yw hwn:

> Angau, 'rwyt ti'n fy ofni i
>   Am fy mod yn ifanc,
> Am fod fy ngwaed yn telori wrth wthio
>   'ngwythiennau.
> Cryni yn y fynwent, heb hyder
> I ddangos i mi dy wyneb.

Dair dalen yn ddiweddarach ceir y gerdd 'Portread o Butain':

> 'Oes f'eisiau i heno?' Nac oes fy rhoces fach[,]
> Dos at eneidiau moel: mae hwn mor llawen
> Â chrwt mewn trowsus byr sy'n llawen.

Gwych yw'r 'eneidiau *moel*' – a hyderus herfeiddiol wych yw safbwynt a safiad bywydol y bardd neu bersona'r bardd. Neu dyna sut yr ymddangosai i mi wrth imi ei ddarllen yn llesmeiriol. Ond mewn gwaed oer, gwyddwn o'r gorau nad oedd Angau'n ofni'r gŵr ifanc a oedd yn y gerdd, ac nad oedd pob crwt mewn trowsus byr yn llawen. Onid oedd yr Angau newydd fynd â John ac Anti Gwen i'r fynwent yr haerai'r bardd ei fod yn crynu ynddi? Ac onid oeddwn i, fel y teulu ac fel cryts eraill y Cefen, wedi'n haflawenhau ganddo oblegid marw John?

Yma, am y tro cyntaf, deuthum wyneb yn wyneb â'r wrtheb a fyn na raid i fywyd a llenyddiaeth briodi, ac a fyn y gall darllenydd werthfawrogi rhyw ddatganiad barddonol er bod y datganiad hwnnw'n groes i'w brofiad. Er bod ei agwedd at fywyd yn afresymol afieithus o bositif daeth Bobi Jones yn arwr imi megis dros nos, a daeth ei farddoniaeth anodd imi'n fwyd a llyn am flynyddoedd. Ac am y tybiwn – O! mor naïf o anfeirniadol oeddwn – nad oedd i'w ganu fydrau arbennig ac am ei fod yn trafod cyffro ieuenctid, er o safbwynt anghyffredin o asbrïol, yn fy niniweidrwydd meddyliais y gallwn innau, fel efe, ysgrifennu cerddi *vers libre* am fywyd llanc, a dechreuais geisio'u llunio. Yr oedd hynny'n rhywbeth awenus i'w wneud yn fy nhipyn annibyniaeth newydd, yn fy unigrwydd ir. Dechreuodd ymadroddion ymffurfio yn fy mhen, neu'n hytrach dechreuwn i ffurfio ymadroddion yn fy mhen, ymadroddion y barnwn eu bod yn gnewyll cerddi, a dyma fynd i'r afael â'r rhai mwy deniadol na'i gilydd, eu hymarfer a'u datblygu, eto yn fy mhen, a cherdded gyda nhw hyd ffin ogleddol ffarm Bryn-brain, lle'r oedd coed uchelbraff mewn rhes, Coed y Fers, y cyfeiriais atynt ymhell bell yn ôl yn y llyfryn hwn. Wrth gerdded tuag yno ceisiwn gaboli'r ymadroddion datblygedig yn rhyw fath o gerddi. Rhaid bod fersiwn o un gerdd gynnar wedi'i chwblhau yn union wrth y Fers ryw dro, achos wedyn, drwy flynyddoedd fy nglaslencyndod, cysylltwn y Fers â'r awen. Oddi yno deuwn i lawr cefn ochr llwybr Gors-hir tua thref gyda'r llinellau a'r hanner-llinellau hyn o ddarluniau a syniadau

yn nofio ynof, ac awn i fy stafell wely i'w cofnodi.
Yno rhoesai fy nhad wrth un pared fwrdd yn ddesg
i mi, a gosodasai yno hefyd ychydig silffoedd i ddal
y llyfrau y byddwn yn achlysurol yn eu prynu yn
swyddfa bost Brynaman neu drwy Sally Books a
berthynai i'r Clwb Llyfrau Cymraeg. Wrth y ddesg
honno yr oeddwn, gwae fi fy mrol, yn egin-fardd.

Y mae'n edifar gennyf erbyn hyn imi losgi'r
ugeiniau o greadigaethau anaeddfed a elwais yn
gerddi. Pan losgais nhw gwyddwn nad oeddynt o
werth i neb ac eithrio i fy egotistiaeth hiraethus i fy
hun. Ond am na wyddwn hynny wrth eu llunio – yn
wir, am fy mod yn meddwl y byd ohonynt – ymhen
ychydig dechreuais eu dangos – yn gyntaf i J. M.
Gwyn Rhys, brodor o Fynydd Bach yng Ngheredigion
a ddaethai'n weinidog ar eglwys Bethania fel olynydd
i Huw Ethall, a aethai at Annibynwyr Porthmadog;
ac yna i Eirian Davies. Am fod Gwyn Rhys yn nai i
Brosser Rhys, ac am fy mod – sut, ni wn – wedi clywed
bod ei ewyrth gynt yn fardd coronog yn yr Eisteddfod
Genedlaethol, meddyliais y cawn feirniadaeth
werthfawr ganddo, ac ambell gyngor beirniadol.
Ond na: er eu cymryd a'u darllen, chwarae teg iddo,
dywedodd Gwyn Rhys yn blwmp ac yn blaen na
ddeallai odid ddim ar eu tywyllwch. Ar ei gyngor ef

yr euthum â nhw i Erw Fyrddin, mans Methodistiaid Moreia, Brynaman, at Eirian Davies. Rhyfeddaf yn awr ba mor groesawus oedd ef a'i wraig Jennie, y naill yn weinidog prysur ac yn bregethwr poblogaidd ym mhob cwr o'r wlad a hithau'n wleidydd ac areithreg a beirniad eisteddfodol a darlledwraig ddiorffwys – rhyfeddaf ba mor groesawus oeddynt i grwt fel fi a fynnai sylw i gynhyrchion *pseudo*-lenyddol a oedd mewn gwirionedd yn siabi o anaeddfed. Minnau'n mynd yno'n gynnar gyda'r nos, a Jennie'n dweud, 'Ewch ag e i'r stafell ganol, Eirian, a mi wna i damed o swper.' Ond nid arhosai yn ei chegin yn hir. Byddai ei chwilfrydedd a'i brwdfrydedd wedi cario'r corff main siapus, gyda'r piner bach dros ei sgert, lan y pasej, ac wrth iddo fe ddweud rhywbeth mwy beirniadol na'i gilydd am fy nghynhyrchion, torrai ei chwerthiniad hi ar draws ei onestrwydd pigog ef ('O! Eirian') a goleuo fy siom naturiol i ('Peidiwch â gwrando arno fe, fel'na o'dd e'n gwmws'). Un tro, wrth i Eirian ymateb yn wan i beth barddoniaeth (os barddoniaeth) gofynnais iddo, 'Nag o's digon o dân yn y cerddi, Mr Davies?' 'O's,' medde fe, 'ond does dim digon o gerddi yn y tân.'

Yn llenyddol ac yn ddiwylliannol, y ddeuddyn hyn a'm rhoddodd ar ben ffordd, gan gymryd fy awyddfryd awenus o ddifrif er mor alaethus fy nghanu, gan fy nghyflwyno i gerddi Waldo Williams a T. Glynne Davies, gan ddweud wrth Gynolwyn Pugh ar faes rhyw Eisteddfod taw fi oedd eu mab hynaf ('O! Eirian,' meddai Jennie eto), gan fy annog i ymaelodi yn nosbarth nos Eirian ar lenyddiaeth Gymraeg yn Ysgol Gynradd Brynaman, a chan drafod gyda mi – yn aml, uwch fy mhen i – egwyddorion beirniadol y tybient y byddent o les i mi – a hynny weithiau hyd ryw awr pan fyddai'r bws olaf wedi mynd, a minnau'n gorfod cerdded y ddwy filltir a hanner tua thref, a Mam druan yn eistedd ar sìl ffenest ei llofft yn disgwyl amdanaf, ac yn methu deall, ar ôl imi egluro lle y bûm, sut y gallai pregethwr a'i wraig gadw bachgen ysgol ar ei draed tan berfeddion nos. Aethai barddoni'n bererindota ysbrydol, aethai trafod yn addysg awenyddol newydd, aethai cwmnïaeth ddiwylliadol yn fudd a bendith i'm holl du mewn.

Yna digwyddodd rhywbeth yr wyf yn cywilyddio wrtho'n enbyd ers hanner cant a phump o flynyddoedd. Meddyliais fod a wnelo'r ymdeimlad o unigrwydd hiraethus euog a brofwn, a'r tipyn awenyddiaeth a ddaethai i newid fy mywyd mewnol, rywbeth â'r Duw y deuthum i wybod amdano drwy holl flynyddoedd Bethania. Meddyliais fod ysbryd barddoniaeth a chrefydd yn rhyw fath o efeilliaid. Yn y diwylliant y'm maged ynddo, arweiniodd hynny fi i dybied y dylwn, er ifanced oeddwn, ddechrau tystio'n gyhoeddus i'w ogoniant a'i ryfeddod Ef, a hynny drwy fynd i bulpud a phregethu. Yn bymtheg oed rhoddwyd cyfle imi bregethu yn un o oedfeuon yr hwyr ym Methania. Yr oedd Daniel Jones y Rhosfa newydd gwblhau adeiladu'r festri. Cynullai'r diaconiaid yno cyn cerdded drwy'r drws ochr a gysylltai'r festri a'r capel. Eu disgwyl ar ystlys y sêt fawr a wneuthum i y nos Sul honno. Pan ddaeth Tom Aeron Williams gyferbyn â mi estynnodd imi amlen a oedd yn cynnwys nodyn byr byr oddi wrth Meurwyn, ei fab, a fuasai'n pregethu ers tua dwy flynedd, nodyn a gofiaf fel y cofia rhywun colledus delegram marwol: 'Noson fawr yw'r noson bregethu gyntaf. Pob hwyl a bendith.'

Y ddeubeth a gofiaf am y bregeth honno yw, yn gyntaf, nad oedd hi'n ddim mwy o bregeth nag oedd fy ngherddi'n farddoniaeth, ac yn ail na chodais fy nhestun o'r Beibl eithr o *As You Like It* Shakespeare, 'All the world's a stage'. Ar ôl cyrraedd y tŷ ni ddywedodd Mam na Nhad odid ddim amdani. Efallai eu bod o'r farn boenus gwbl gywir fy mod yn llawer rhy ifanc i feddwl traethu dim wrth neb, a dichon ei bod yn chwith ganddynt eu bod wedi magu mab a chanddo'r herfeiddiwch egr i esgyn i bulpud ac yntau mor druenus o ddigynhysgaeth: ni ddarllenwn ddiwinyddiaeth; nid oedd gennyf – ac ni bu gennyf erioed – ben athronydd; ni ddarllenwn lawer o'r Ysgrythur hyd yn oed. Yr oeddwn y pryd hwnnw yn boen byw i'm rhieni, nid yn unig am fy mod yn mynnu taw i'r weinidogaeth yr awn, er ifanced oeddwn, ond am fy mod hefyd yn ymddwyn fel rhyw gydwybod deuluol, yn pwdu onid âi pawb yn gydwybodol i bob oedfa. Mewn blynyddoedd i ddod, wrth sylweddoli pa mor hunanganolog a hunandybus y buaswn gynt, oblegid hyn oll, deuthum yn boen byw i mi fy hun yn ogystal.

Cyn pen hanner blwyddyn ar ôl imi ddringo i bulpud Bethania'r tro cyntaf yr oeddwn yn cael gwahoddiadau i bregethu yng nghapeli'r pentrefi cyfagos i gyd – ac yn eu derbyn. Fel y dywedais o'r blaen, ni redai'r bysus ar foreau Sul yng Nghwm Tawe a Chwm Aman, ac oni allwn gerdded i bregethu, fel y gwnawn i gyrraedd capeli Cwmllynfell, byddai Edgar yn mynd â fi yn y Standard 8 glas, a deuai i fy nôl drachefn. Os byddwn yn pregethu yn oedfa'r bore ac yn oedfa'r hwyr cawn ginio a the gyda phwy bynnag oedd yn cadw'r Sul yn y capel a roddodd imi'r cyhoeddiad, ac ar ôl y cwrdd nos daliwn fws tua thref. Euthum fwy nag unwaith dros y Mynydd Du i Langadog, a thrwy Rydaman i Fanordeilo. Bûm yn westai ar aelwydydd pobl dda y gwelaf rai ohonynt o hyd – yn awr yn eu henaint – ar faes Eisteddfod neu mewn darlith neu gyngerdd.

Bûm gyda phobl 'wahanol' hefyd. A phan fyfyriais ymhen amser wedyn ar rai o brofiadau mwy annymunol fy nghenhadu cynamserol, yr oedd profiadau un dydd Sul fel petaent ar flaen y cof. Euthum i aros ym Mhen-y-bont Twrch un bwrw Sul, am fy mod yn ystod gwyliau'r ysgol yn pregethu yng nghapel yr Annibynwyr ym mhentref Farmers yng ngogledd Sir Gâr. Rhaid bod Wncwl Tom wedi mynd â mi yno yn ei lori – dichon mai ef a gawsai'r cyhoeddiad i mi – ac am fy mod yno fore a phrynhawn fe'm rhoddwyd i giniawa gyda gwraig weddw oedrannus dra ddywedwst a'm rhoes i eistedd ar fy mhen fy hun yn ei pharlwr, a ddygodd fy nghinio imi yno, ac a'm gadawodd yno, heb na phapur na llyfr i'w ddarllen, am y nesaf peth i ddwyawr a hanner tan oedfa'r prynhawn. Ni bûm mewn unigrwydd mwy llethol erioed. Bachgennyn oeddwn, ar aelwyd gwraig nad oedd wedi arfer cael bachgennyn o bregethwr ar ei haelwyd i'w drafod neu i beidio â'i drafod.

Yn awr wrth edrych yn ôl ar y profiad hwnnw yr wyf yn barnu bod rhywbeth yn iachus iawn yn y parchedig ofn neu'r anghynhesrwydd anghroesawus a ddangosodd y wraig honno tuag ataf – am ei fod yn brawf arnaf, yn brawf ar fy awydd i argyhoeddi pobl na fynnent fy nghwmni am ba reswm bynnag, ac yn brawf ar fy amynedd gyda threfn gapelaidd a oedd mor anacronistig fel na ddylai apelio at grwt ifanc o gwbl oll. Beth oedd gan y wraig honno a mi'n gyffredin? Pa beth a allai ei ddweud wrthyf? A minnau wrthi hi? Buasai glaslencyndod o dorri dros y tresi ac ymarfer yfwch (chwedl Anti Sarah) a mwynhau jeifio a gwyllt fercheta wedi bod yn fwy llesol o lawer iawn imi. Ond er gwaethaf profiad andwyol fel hwnnw yn nhop Sir Gâr, glaslencyndod arall a ddewisais, y gwirion imi. Tua'r adeg hon rhoddodd Enoch Thomas draethawd i'w ddosbarth ei ysgrifennu, traethawd yn dweud ble y gwelem ni'r disgyblion ein hunain ymhen deng mlynedd. Yn fy nhraethawd i lluniais olygfa lle gwelwn beintiwr arwyddion yn peintio 'Gweinidog: Y Parch. D. Lloyd Morgan, BA, BD' ar hysbysfwrdd y tu fa's i gapel go fawr mewn tref farchnad lewyrchus rywle yng Nghymru. Ysgydwodd Mr Thomas ei ben yn drist wrth ddychwelyd y gwaith i mi – er ei fod ef ei hun yn pregethu'n gynorthwyol.

Yn rhyfedd iawn, wrth gyfeirio at fy mhregethu, gwnâi ambell un o fy ffrindiau hynny mewn ffordd radlon iawn. Ac mewn ffordd ddoniol weithiau. Un tro, cyn un o gemau tîm ieuenctid Cwmllynfell ar Gae'r Bryn, aeth fy nghyd-ganolwr Lindsay Joshua rownd i bob un o aelodau'n gwrthwynebwyr i erfyn arnynt heidio â rhegi ar y cae am fod yn ein tîm ni ddarpar weinidog! Ond fy nieithrio ymhellach oddi wrth fy nghyfoeswyr ymhlith bechgyn eraill y Cefen a Chwmllyntell a wnaeth y chwiw bregethu.

O leiaf, cyfeiriai Josh at y peth yn gyhoeddus, ac yn fy nghlyw. Ni thrafododd fy ngweinidog fy hun, J. M. Gwyn Rhys, nac Eirian na Jennie, odid ddim am y weinidogaeth gyda mi. Gwir i Jennie roi stŵr i mi am imi mewn pregeth gymharu aelodau'r gynulleidfa yr oedd hi ynddi un nos Sul ym Moreia â blac pads, pethau'n dod allan yn eu düwch gyda'r nos, a dywedodd nad da ganddi fy mod mor hy ar Dduw mewn gweddi. Ond meddyliais mai cerydd mam wen i'w mab gor-egr oedd hwnnw. Wrth gwrs, gan eu bod bob Sul yn pregethu'u hunain, ni chlywodd Gwyn Rhys nac Eirian fi'n pregethu erioed. A welais fod yn y diffyg trafod anEirianaidd hwnnw rybudd? A dybiais fod tawelwch Gwyn Rhys yn ddiffyg anogaeth? Naddo: yr oeddwn yn ddigon hunanhyderus i feddwl bod ar Anghydffurfiaeth y dydd fy eisiau.

Ac eto, rhaid nad oeddwn yn sicr o fy llwybr achos drwy'r blynyddoedd rhwng 1958 ac 1961 nid euthum i'r drafferth i ofyn i gynulleidfa Bethania roi fy enw gerbron awdurdodau'r Cwrdd Chwarter fel ymgeisydd swyddogol am y weinidogaeth Annibynnol. Yna euthum i'r coleg i Fangor, ac ymhell bell o dref lle nad oedd neb yn fy adnabod anaml iawn y byddwn yn cael gwahoddiad i gynnal oedfa. At hynny, am imi wrthod lletya ym Mala-Bangor, dywedwyd wrthyf na roddid caniatâd imi bregethu yn y gogledd yn enw'r coleg. Ond erbyn hynny, yr oeddwn yn llawer iawn mwy hoff o lenyddiaeth ac academwaith na'r pulpud, ac nid oedd yn anodd o gwbl camu ohono.

Ond yn y pum paragraff diwethaf cerddais ymlaen i flynyddoedd diweddarach na'm gwir fachgendod, ymlaen i flynyddoedd pan ddaeth fy ymwneud daionus â Chefn-bryn-brain, i bob pwrpas bywydol, i ben. Yr adeg honno, hyd yn oed pan awn tua thref ar ddiwedd tymor, yr oeddwn fel yr adyn ag oeddwn yn union syth ar ôl marw John Hughes, ond yn adyn amlycach, mwy naturiol, am y rheswm syml bod fy nghyfoedion a ddaliai i fyw yno yn gweithio'n llawn-amser ac wedi newid eu byd, fel yr oeddwn i, wrth fynd i ffwrdd i goleg, wedi newid fy myd. Yr oeddwn ymhell cyn hynny yn gwybod na fyddwn byth yn aros ar y Cefen i fyw, a hyd yn oed yn bymtheg oed yr oeddwn eisoes yn dechrau meddwl amdano nid fel lle ond fel symbol. Daeth ymdeithiau ei wyddau i gynrychioli harddwch a herfeiddiwch bywyd imi; daeth cart-geido fy machgendod imi'n drosiad am anturiaethu drwy amser; a daeth amrywiaeth topograffig y Mynydd Du imi'n ddrych o'r drefn a'r draul. Aethai bachgendod Isaac heibio.

NODYN

Dymunaf ddiolch o galon i
Elinor Wyn Reynolds am fagu'r
llyfr bach hwn gyda'r fath ofal a
brwdfrydedd.